初心者がすぐに勝ち組になる テクナメンタル投資法

WIZARD BOOK SERIES Vol.94

ファンダメンタルズアプローチで
高成長優良株を見つけろ

Take Stock : A Roadmap To Profiting From Your First Walk Down Wall Street

エリス・トラウブ［著］ 関本博英［訳］

Pan Rolling

Take Stock by Ellis Traub

Copyright © 2005 by Ellis Traub

Original English language edition published by Career Press Inc.,
3 Tice Road, Franklin Lakes, NJ 07417 USA
All rights reserved

Japanese translation published by arrangement with The Career Press Inc.
through The English Agency (Japan) Ltd.

訳者まえがき

「素人の個人投資家が投資資金を1年で15％ずつ増やし、5年で2倍にする」と言ったら、どのように思われるだろうか。「プロであればできるかもしれないが、われわれ普通の個人投資家ではとても……」というのが一般的な反応であろう。

しかし、アメリカでは1951年に設立されたNPO「全米投資家協会（NAIC）」のこの目標は、これまで500万人以上の個人投資家によって達成されてきた。約4万に上る米投資クラブの総本山ともいえるNAICでは、多くのボランティア会員が個人投資家の健全な投資教育に向けて積極的な活動を展開している。本書の筆者もその生徒のひとりであり、いわばNAICのおかげで死の淵から生還したといっても過言ではない。

本書の「テクナメンタル投資法（Technamental Investing）」はこのNAICの投資手法をベースとしたもので、ファンダメンタルズ（fundamentals）のテクニカル分析（technical analysis）という意味合いで名付けられた。その特徴は、①ファンダメンタルズ分析をベースとした気楽な長期投資、②注目するのは企業の業績チャートであって、株価や出来高のチャートではない、③年間15％のリターンを上げ、5年で資金を2倍にする――というものである。

この投資法では「ファンダメンタルズ情報は四半期に1回しか発表されないので、短期的な株価の変動はこうした企業のファンダメンタルズを反映したものではない。株価は利益のトレンドを反映しているので、利益成長の続く優良株に長期投資する」という考え方が基本になっている。こうした考え方にはもちろんテクニカル分析投資家からの反論もあるだろうが、特に投資の初心者にとってはあまり抵抗なく入っていけるオーソドックスなアプローチであろう。

わが国には1400兆円もの個人金融資産があると言われるが、その多くは相変わらず預貯金に退蔵されている。401kを例に出すまでもなく、個人も自分の資産は自分で運用しなければならない時代に入ったのに、日本ではいまだにリスク＝危険＝博打といった考え方から抜け出せていない。個人の健全な投資教育の必要性がますます高まっている現在、本書がその一助となれば訳者として望外の喜びである。

　投資教育の基礎編テキストともいえる本書の邦訳を決定された後藤康徳（パンローリング）、今回も編集・校正ではいろいろとお世話になった阿部達郎（FGI）の両氏には感謝いたします。

2005年9月

関本博英

出版の成功を確信させてくれた妻のダイアン、執筆を勧めてくれたデビッドに本書を捧げる

謝辞

　本書を執筆しているとき常に私を支えてくれた親近者をはじめ、そのほか多くの人々のご尽力があったからこそ、本書の刊行にこぎつけることができたのである。簡単で大きな成功を手にできる投資法を考案し、さらに世界中の投資家が参加できる全米投資家協会（NAIC）の設立に多大な貢献をされたジョージ・ニコルソンとトム・オハラの両氏。私をNAICに紹介し、またその後の私の教育活動でもさまざまな面で協力してくれた良き助言者であり、また長年の友人でもあるフィル・キーティング氏にも深く感謝いたします。

　このほか、ベター・インベスティング誌の長年の編集長であるドン・ダンコとその尊敬すべき同僚であるマーク・ロバートソンの両氏は、（だれでも株式投資で成功できるという）価値ある使命に常に私の心を向けさせ、彼らはその使命を誠実に果たしてきた。最後にいつも私を精神的に支えてくれ、また優秀で厳しい編集者でもあった妻のダイアンにもお礼を申し上げます。

CONTENTS

訳者まえがき　　　　　　　　　　　　　　　　　　　　　1
謝辞　　　　　　　　　　　　　　　　　　　　　　　　　5

序文　なぜこの本が必要なのか　　　　　　　　　　　　　9

第1章　私のプロフィール ………………… 17
私が犯した間違い

第2章　なぜ株式投資なのか ……………… 23
お金とは何か、そしてそれをどのように得るのか／起業／株式の所有／なぜ長期投資なのか／退職しても永遠の長期投資家

第3章　間違った常識を捨てよう …………… 41
だれでも株式投資で成功できる——ピーター・リンチ／NAICもこれを実証

第4章　専門用語を知る …………………… 49
知らなければならないこと／株券／損益計算書／バランスシート／PER／「その他の20％」

第5章　企業の成長とは何か ……………… 71
売上高の伸び／利益の成長

目次

第6章　投資銘柄を見つける……………………………79
大切な原則／投資信託はどうか／投資銘柄を見つける／どこに目を付けるのか／投資企業をどこで見つけるのか

第7章　企業の質を評価する……………………………101
チャート／企業の成長チャート／成長の分析／実際の応用／成長の条件／すぐにできる

第8章　成長の具体例……………………………123
チャート／実例

第9章　経営陣の成績表……………………………139
売上利益率／実例

第10章　株価を評価する……………………………149
株価評価のプロセス／リターンとリスク／実現可能なリターンの計算／予想成長率／潜在的リスクの計算／買いか、見送り／妥当な株価

第11章　企業を比較する……………………………177
企業比較ワークシート／比較する企業の選択／結果の分析

CONTENTS 目次

第12章　ポートフォリオマネジメント ……………185
ポートフォリオマネジメントとは何か／ポートフォリオの規模／売り時の決定／ディフェンシブな戦略／攻撃的な戦略

第13章　参考事項 ………………………………205
特殊な業種のデータ／企業の質の評価／価値の評価

結論　　　　　　　　　　　　　　　　　　　219

付録A　参考指標　　　　　　　　　　　　　　221
付録B　パソコンユーザー向けの参考資料　　　　226

序文

なぜこの本が必要なのか
Introduction──Why You Need This Book

　本書の第一版が刊行された2000年11月以降、投資環境を大きく揺るがすさまざまな出来事が起こった。それまでに膨らんだ株式バブルはまもなく弾け、そのあとには暴落局面が到来したが、株式相場は再び比較的平穏な状態に戻った。アメリカ本土は敵意に満ちた外国からの襲来を受け、わが国の軍隊はまったく希望の持てないような辛い沼地戦に突入していった。政治家たちは無責任な対立を繰り返し、過去には見られないほど大きく分裂した。そしてアメリカ経済は通常の景気サイクルから大きく逸脱して景気後退に突入したが、最近になってようやくそれまでの失われた時を取り戻すかのように回復しつつある。

　こうした状況は投資家たちに大きなショックを与え、株式市場に参加していた多くの投資家は環境悪の前に株式投資に怖気づくようになった。そして大きな損失を被った新しい投資家たちは株式市場という戦場からよろよろと撤退し、もう二度と株なんか買うものかと心に誓っていた。本書の第一版が刊行されてまもなく、私は光栄にも米個人投資家協会（AAII）が主催する株式コンテストに参加するよう要請された。このコンテストは3人の著名なプロを互いに競わせる定例の催しで、各参加者は10万ドルを6カ月間運用してその成績を競い合う。

私は参加を要請されたが、①自分は株式のプロではない、②長期投資家の成績を評価するのに6カ月という期間は短すぎる——という理由からあまり気乗りしなかった。しかし、①長期投資のメリットをPRする、②こうした短期投資の成果については保証できない——という隔週ごとのコメントを発表するという条件付きで参加を受諾した。その結果はおもしろいものだった。私は14銘柄に投資して6カ月間ホールドしたところ（そのうちの1銘柄は乗り換えすべきだったかもしれないが、そのままホールドした）、その利益はプロたちの成績ばかりでなく、S&P500のリターンも何と20％以上も上回ったのである。もちろん、これは私がラッキーだったこともある。短期的には大きな評価損が出たこともあった。私は本書に詳述した投資原則に従って優良企業の株式だけを購入・ホールドしたが、プロたちは劣勢を挽回しようと頻繁に売買を繰り返し、結果的には逆効果になってしまった。

　私は何も自慢をするためにこうした話をしているのではない。これと逆の結果になる可能性もあったからである。私が言いたいのは、①株式投資で成功するのに何もプロになる必要はない、②第一版と本書刊行の期間中に起こったすべての出来事は、本書で述べられている素晴らしい投資原則を実証している——ということである。株式相場は市場参加者のさまざまな思惑を反映して常に変動しているが、そうした思惑売買をしたり、短期トレードを繰り返している人々はあまり儲けていないようだ。一方、優れた企業は長期的に利益を上げ続けるので、そうした企業の株式を保有するという投資の基本原則を守っていれば、株式市場でどのような事態が起ころうとも、最終的には利益を手にできるだろう。この改訂版でもこの基本原則はまったく変更していない。それは時代を超えた真理であるからだ。この新版では現在の株式市場の状況を反映するように多くの事実を更新するとともに、旧版の刊行以降に起きたさまざまな出来事から得られた教訓を盛り込んだ。

本書にほかの投資本と異なる何か優れた点があるとすれば、それは何だろうか（読者の気を引こうとさまざまな工夫を凝らしている投資本は書店にあふれている）。そのひとつは、皆さんにはあまり耳慣れない「**テクナメンタル投資法**（Technamental Investing）」というものである。この投資法のユニークさはこの名前からもお分かりであろう。この投資法はほぼ半世紀にわたり、500万人以上の投資家が実践して大きな成功を収めた原則に基づいている。この投資原則はNAICの設立者であるジョージ・A・ニコルソン、トーマス・E・オハラおよびフレデリック・C・ラッセルなどによって考案され、その後も熱心なボランティア会員たちの尽力で今では全米のみならず、全世界にも普及しつつある。

このテクナメンタル投資法は「グロース・バリュー投資法」「長期投資」「ファンダメンタルズ投資法」「バイ・アンド・ホールド」、あるいは単に「NAICの投資法」などとも呼ばれ、NAICでもこの投資法の名称は決めていない。しかし、こうした投資法の名称はこのテクナメンタル投資法の一面を言い表している。私はこの投資法の本質をよく表しているという理由で、「テクナメンタル投資法」という名称を使った。われわれがしていることにはやはり名称が必要であるからだ。

投資界ではファンダメンタルズ分析とテクニカル分析を天と地ほどの差があるとして、この2つをはっきりと区別している。テクニカル分析では株式相場全体と個別銘柄の値動きや出来高をグラフに表し、視覚的に分析する。株式投資で成功しようとする多くの投資家や学者たちはこれまで、過去と将来の値動きに共通する株価と出来高のパターンを探し求め、それらにいろいろな名称を付けてきたが、あまり成功していない。私に言わせると、（ストキャスティックス、モメンタム、移動平均など）数多くのテクニカル手法のどれかが有効であるとすれば、そのなかのひとつだけであるはずだ。

一方、ファンダメンタルズ分析は（業績や財務状態など）企業のファンダメンタルズを分析するもので、売上高、利益、売上利益率などいわば企業の生命力であるこれらのファンダメンタルズが変化すれば、その株価にも大きな影響を及ぼす。これらファンダメンタルズのデータは簡単に入手・分析することができ、将来の株価を占ううえで大きな価値を持つ。テクナメンタル投資法でもチャートと視覚的な分析を使うので、この領域はテクナメンタル投資法のテクニカルな分野とも言えるだろう。チャートは数万語の言葉や数字にも勝るので、ファンダメンタルズ分析にとっても便利である（平均的な投資家にとって、こうした点がテクナメンタル投資法の理解を難しくしているのかもしれない）。本書ではさまざまなファンダメンタルズについて、小学生や老人でも理解できるように分かりやすく説明した。つまり、分かりにくいところを視覚化することでテクナメンタル投資法を説明するように心掛けた。

　本書の二番目の特徴は、すでに成功が実証された素晴らしい投資原則を簡単に分かりやすく説明したおそらく最初の本であろうということである。投資（株式市場のお金を儲けること）はまったく危険でも、厄介でも、そして多くの時間がかかるものでもない。株式投資とはおもしろいものである。読者の皆さんは本書を楽しく読むことで、株式投資で成功する方法をマスターされるだろう。

　1951年に設立された非営利団体のNAICが、自らの活動をあまりPRしないのは世界の七不思議のひとつであるといっても過言ではない（NAIC自身に代わって私がPRしてやろうと思う）。全米に100以上あるNAIC支部のボランティア会員たちは、毎年全国各地で数千回もの催しを開催している。しかもその目的は株式投資を怖がっている人たちに、そんなことはない、自分でちゃんと買うべき株式と保有期間を決められると教えていることである。

　株式専門メディアがNAICのこうした献身的な活動について、ほと

んど報じないというのはちょっとした驚きである。NAICの投資法やその活動について大々的に報道されると、多くのプロたちは飯が食えなくなるであろうことを考えると、それも分からないではない。ピーター・リンチがベストセラーの『ピーター・リンチの株式投資の法則』（ダイヤモンド社）のなかでNAICの活動について触れたり、ビアーズタウン・レディーズ（イリノイ州の小さな町の女性で作った投資クラブ）が派手にNAICのことをPRしないかぎり、ミシガン州マディソンハイツのNAIC本部の電話が鳴り続けることはほとんどない。NAIC各地支部が無料またはかなりの低料金で毎月実施している催しについて、一般のマスコミが報道することはまずない。

　私はテクナメンタル投資法の哲学を知ることができたという点でNAICには深く感謝しているが、NAICがこの投資法に対する私の解釈やアプローチを支持または賛同しているとは思っていない。しかし、NAICがわれわれ（「われわれ」とは私の会社であるインベストウエア（Inve\$tWare）社のこと）に公認ソフトの開発とそれによるテクナメンタル投資法の電子的な運用法を委託したことは、NAICが私の投資手法をある程度是認していると解釈している。私は人生に大きな価値を与えてくれたという点でNAICには本当に感謝しており、本書がNAICに対する投資家の関心を集め、ボランティア会員の皆さまの地位向上にお役に立てればと願っている。

　テクナメンタル投資法をマスターし、本書に書いてあることを実践するベストの方法は、NAICの会員になることであろう。NAICは株式市場から自分で利益を上げたいと思っている人々には限りない支援を行っている。しかし、私は皆さんが教えられたことをすべて鵜呑みにしてはならないと思う。確かにNAICの投資法を忠実に実行すれば、投資した5銘柄のうち4銘柄は勝ち組銘柄であり、5年で投資資金を2倍にすることができる。これはすでに実証済みの事実であり、NAICの投資パフォーマンスの目安となっている。しかし、私は皆さ

んが本書に書いてあることを自分の論理と常識に照らしてよく考えてほしいと思う。ここに書いてあることは自分にとって本当に意味のあることなのかと自問してほしい。そうすれば、皆さんの考え方と合わない部分もあるだろう。本書の内容が皆さんの考え方と大きな違いがないことを確認して初めて、自分でNAICの投資法を実行してほしい。

　皆さんは本書から大きな刺激を受けるだろう。第1章では大学をドロップアウトし、株式の専門知識もない私のような者がなぜこのような本を書くまでになったのかという経緯である。第2章からは本論に入り、株式投資の有利さとその理由について説明する。第3章では株式投資はだれにでもできる、すなわちテクナメンタル投資はだれでも実行できること、続く第4章では皆さんが知らなければならない10項目について説明する。第5章ではテクナメンタル投資法のベースである企業の成長とは何かを検討する。第6章では投資銘柄の見つけ方とその選択法、投資銘柄に含める株式と除外する株式について説明する。第一版が刊行されてから現在までに多くの変化が起こり、特にインターネットとデータの入手・利用法は激変した。

　第7章〜第8章では投資する企業はその必要条件を十分に満たしているのか、すなわち投資の条件となる企業の成長について詳述する。第9章では経営陣の成績表、すなわち右肩上がりの業績を維持する経営者の能力について分析する。ただし、投資企業の質を分析することは最も重要であるが、値段が高すぎる株式への投資は避けるべきである。第10章では投資する株式の実現可能なリターンと潜在的リスクの分析、適正な株価などについて述べる。第11章ではポートフォリオに加えるベストの企業の比較分析、第12章ではポートフォリオマネジメントについて説明する。そこで述べる簡単なディフェンシブな戦略と攻撃的な戦略を駆使すれば、一部の保有株に不測の事態が起こってもポートフォリオ全体はそれほど大きな打撃を受けず、最大のリターンを得ることができるだろう。最後の第13章では必ず必要というわけで

はなく、また混乱や誤解を引き起こす恐れがあるという理由から詳しい説明を省略してきた事項について触れる。それらは株式投資のレベルアップに役立つと思うが、それを利用するときは細心の注意が必要である。

　参考指標と題する付録Aは第一版に対する読者からの要望に応えたもの、付録Bではテクナメンタル投資法を実行するためのパソコンソフトを紹介した。この種のソフトは旧版の刊行以来急増したが、使用する価値のあるソフトだけについて簡単に解説した。第一版が刊行された当時、自分でパソコンを所有または利用している人もかなりいたが、そうでない人も少なくなかった。しかし、現在ではほとんどの読者がパソコンを使っているだろう。本書で述べた投資法はいまだに鉛筆、定規、電卓しか使えない人々でも実践できるが、こうした投資支援ソフトについてはこれまでほとんど触れなかった（これに関する問い合わせは「etraub@financialiteracy.us」まで）。テクナメンタル投資法に関するこの序文は、皆さんにとって株式投資という楽しく有益な冒険のきっかけになったと思う。皆さんが自分の足でこの冒険の第一歩を踏み出すことを願っている。

第1章

私のプロフィール
Look Who's Talking！

　まず最初に私がこうした投資本を書く資格があり、そして皆さんに株式投資についてアドバイスできると思う理由について述べよう。もっとも、世間の常識的な基準からすれば、私にはその資格がない。私はMBA（経営学修士）を持っていないし、またCFA（公認証券アナリスト）やCFP（公認ファイナンシャルプランナー）でもない。私のレターヘッドには自分の名前を表す略語は記されていない。私はプロのマネーマネジャー、証券アナリスト、大学の教授または証券マンでもない。さらに私は学位と言われるようなものは何も持っていない。ハーバード大学には入ったが、朝鮮戦争が勃発した1951年に中途退学してしまった。

　人生で本当にやりたいことが見つかるまで勉学は一時中止と決めて、私は空軍と海軍のパイロット訓練プログラムに応募し、結局海軍に入った。その後海兵隊に移り、全天候型戦闘機のパイロットとして朝鮮戦争に従軍した。ラッキーなことに戦争が危機的な状況に至らないうちに終戦となった。1956年に大学に復学し（今度はコーネル大学に入学した）、そこでホテル経営学を学んだ。その大学の成績優秀者名簿には私の名前が載っていたが、興味の対象が再び変わって今度はイースタン航空に入社し、そこで31年間働いた。その間に全米パイロット

労組（ALPA）のスポークスマンも務め、フロリダ州南部で14年間にわたり広報活動を行った。

　イースタン航空の業績を改善するため、会社側にさまざまな提案をしたとき、経営側が示した対応に立腹し、この会社の企業文化に労組の経営参加を導入しようと働きかけた。当時のフランク・ボーマン会長兼CEO（最高経営責任者）もそうした企業文化の変革に前向きの姿勢を示したので、私は会社側のコンサルタントとして積極的に活動し、またも新しいスキルを習得した。しかし、長引く労使交渉の行き詰まりと役職の配置転換に失望して、正式な定年退職年の3年前の1988年にイースタン航空を退社した。ボーマン会長と戦闘的な機械工労組のチャールズ・ブライアン委員長の2人にさんざんもまれたおかげで、私は労使関係、地域社会広報活動、紛争処理などの経営コンサルタントを開業した。

　それ以降にそれまでの豊富なキャリアを再び軌道修正し、その後の私の人生を大きく変えた株式投資の哲学に巡り合った。私の投資経歴は失敗の連続だった。4人の息子が大学入学を控えた1972年当時、それまでの蓄えでは授業料を支払えないことに気づいた。子供たちを大学に入れるための十分な蓄えもしてこなかったし、また貯金を賢明に運用することもなかった。1972年は大統領選挙の年で、私はその選挙戦に大きな関心を持っていた。そこで会った選挙運動員のひとりに大手証券会社の証券マンがいた。彼ならば私の経済的苦しさを助けてくれるだろうと考え、彼にアドバイスを求めた。彼のアドバイスは、「今年は大統領選挙の年なので、貯金を下ろして人気株に投資し、開票日の2週間前ごろまで保有しなさい。現職の大統領は景気を悪くするようなことは絶対にしないので、株も下がることはないだろう。開票日の直前に保有株を売却すれば、きっと大きな利益を手にできると思うよ」というものだった。

　そこで私は貯金全部をホットな人気株に投資したのはもちろん、こ

の保有株を担保にした借入金でさらに買い増したばかりでなく、もっと大きな儲けを狙ってさらに借金を重ねた。その結果はどうだったのか。案の定、ギャンブルをした私は大負けした。開票日の直前に保有株をすべて売却したとき、私は投資資金のほとんどを失った。さらに多額の借金も残ったが、ラッキーなことにマイホームと仕事は失わなかった。最も悪かったのは、こうした経験にほとほと嫌気が差し、それから15年間も株式市場から遠ざかってしまったことである。

　退職積立金に手を付けなかったのは不幸中の幸いで、それまで株に注ぎ込んでいたら全財産を失っていただろう。イースタン航空を退社するとき、この積立金はほとんど手付かずの状態にあり、私は一括払い金として受け取った。そして再び株式市場に乗り込んだ。今度は株式投資で成功するために知らなければならないことを「学習しよう」と固く心に決めた。そこで私とほかの２人を加えた計３人で構成する委員会を結成した。そのひとりは知識も豊富で若く誠実な証券マン、もうひとりは私の会計士だった。そのやり方は３人全員の考えが一致しないかぎり、何の決定もしないというものだった。私はこうしたプロたちと協力すれば、得るものは大きいだろうと信じていた。例えば、（会計士の）ビルがこの株は買ったほうがよいと電話を掛けてくると、私はそれについて（証券マンの）ジョンに連絡して彼の考えを聞く。ジョンが「いいようだね」と言えば、私はその株を買う。しかし、こんなことは勉強でも何でもなかった。ほぼ１年半にわたりこのようなことを繰り返したあと、パソコンでその結果を見て愕然とした。こんなことをこのまま続けていたら、ほぼ９年後に文無しになることが分かった。

　暗澹としたこの土曜日の翌日、私は新聞で偶然にマイアミ・ヘラルド紙のジム・ラッセル証券担当編集長が書いた記事を目にした。それには、来週の土曜日に全米投資家協会（NAIC）が株式の評価法に関するセミナーを開催すると記されていた（NAICとは投資クラブ会

員と個人投資家が株式投資で成功することを目指した非営利団体である)。その日を境に私の人生は一変した。私は株式投資のプロであるフィル・キーティング氏をはじめ、NAICの投資教育活動を行っている全米で3000人を超すボランティア会員によるNAICの株式投資法の話に4時間も聞き入った。驚くほど簡単な投資法、さまざまな経歴の参加者（しかし、プロの金融マンなどはいなかった）にびっくりして、私は夢中になって耳を傾けた。私はその日の午後に帰宅すると、パソコンに向かって今日学んできた投資原則や株式評価法のすべてを表計算ソフトに入力した。その日の夜までに投資銘柄の分析手順をもう一度おさらいした。

　それ以降、私は何かに取りつかれたようになった。NAICの勉強会に熱心に出席し、その投資法に関する知識を貪欲に吸収していった。そのかいあってほかの人にも教えられるようになり、ボランティアでNAICの講師を務めるようになった。私のスプレッドシートはどんどん充実し、NAICの投資法に自己流のやり方を加え、ついに「テイク・ストック（Take $tock）」と呼ばれるプログラムを完成した。それからまもなくして私はNAICの全国パソコン組織に加入するとともに、その組織を通じてNAICの会員に私の株式投資ソフトを販売するよう要請された。テイク・ストックはかなり評判が良かったことから、NAICは私に正式な株式投資ソフトを開発するよう求め、その結果「インベスターズ・ツールキット（Investor's Toolkit）」が誕生した。今では約5万人の投資家がこのソフトを使っており、毎日20～30人の新規ユーザーが生まれている。

　私は今でもボランティアとしてNAIC（現在の会員数は約20万人）のために活動し、全米各地の教育セミナーで講師を務めている。1999年には年2回の全国大会の閉会の挨拶を述べた。かつてはいつまで投資資金がもつだろうかと心配ばかりしていたが、今ではそんな心配はまったくなくなった。すべてはNAICの株式投資法を学んだおかげ

である。本書の旧版が刊行されたあと、私が設立し、長期にわたってNAICの教育活動を行ってきたインベストウエア社は（マサチューセッツ州ケンブリッジにある）ICLUBセントラル（ICLUBcentral）社と合併し、NAIC会員向けに株式分析ソフトや会計ソフトを販売している。私が本書を書いたのは、1972年当時の私のような投資家が正しい株式投資法を学び、私が経験したような苦い苦しみを味わうことなく株式投資で成功してほしいと思ったからである。

以上が私のプロフィールであり、本書を書いた理由である。学習とは経験から始まる第一歩であるが、ほかの人の経験から学べば、ゼロからスタートする必要はない。本書に書いたことが皆さんにお役に立てば幸いである。

私が犯した間違い

「この絵にはいくつの間違いがありますか」という日曜日の新聞の子供向け漫画を思い出してほしい。以下に列挙したのは私の重大な間違いで、皆さんはこれらを他山の石としてほしい。

- 若いときから将来に備えた貯蓄をしてこなかった。
- 貯金を正しく投資しなかった。
- その資格のない人にアドバイスを求めた。
- そうしたアドバイスを鵜呑みにした。
- すべての貯金をひとつの人気株に注ぎ込んだ。
- 保有株を担保にして借金した。
- さらなる借金でギャンブルした。
- その会社の業績ではなく、株価を見て保有株を売却した。
- 最初の惨めな経験に懲りて、長期にわたり株式市場を離れていた。

こうしたことを肝に銘じないと、小さな間違いが積み重なってやがては取り返しのつかないほどの損失を被る。本書を読めば、こうした間違いを犯すことはないだろう。それどころか、正しい株式投資によって利益が積み上がり、経済的に困ることはなくなるだろう。

第2章
なぜ株式投資なのか
Why Take Stock ?

　この世に投資対象は数え切れないほどあるが、なぜ株式投資なのか。もしもあなたが単にお金（または絵画やプロの野球チームでもかまわない）を所有することに飽き足らず、お金でお金を儲けることに興味があるならば、株式投資は最もおもしろいことのひとつだろう。生きている投資対象はそれほど多くはない。ダイヤモンドはきらきら輝くかもしれないが、生きているものではない。生き物や生存しているモデルを描いた絵画は、それが素晴らしい出来栄えであれば生命を持つと言われているが、価値が出るまではいわば休眠状態となっている。これら無生命の物の値段が高くなるとすれば、それは当初の価値がその後に増大したからである。換言すれば、インフレがそれらの価格を押し上げたのである。インフレ以外にもその希少価値で値段が高くなるものもあり、描いた画家が亡くなったあとにその作品の価値が上昇することはよくある（悲しいことだが、これは本当である）。一方、確定利付きの社債や国債の価格は、金利変動期を除けば比較的安定しており、発行価格からそれほど逸脱しない価格で売買されている。またインフレに伴って金利が変動したとしても、それらの実質価値が向上することはない。

お金とは何か、そしてそれをどのように得るのか

　「生きている物」に投資する意味（これがテクナメンタル投資のポイントである）を完全に理解するために、われわれが日常的には知っているが、それについて深く考えたこともないことをちょっと取り上げてみよう。最も初歩的なことだが、皆さんも完全に同意されると思う。

　オーグとモグという2人の男がいたとする。ほら穴に住んでいる（今でいう郊外暮らし）オーグはハンターではなく、ハンターのモグほど速く高くジャンプすることはできなかった。本当のことを言えば、オーグは人食いトラが死ぬほど怖かった。しかし、彼には石から矢じりを作るという特殊技能があった。彼は棒に矢じりをしっかりと結び付け、立派な槍を作ることができた。一方のモグは石をたたいて何かを作ることなどまったくできない不器用者だった。棒にひもを巻き付けるどころか、その忍耐力もなかった。しかし、彼はその不器用さに比例して勇敢であり、立派なハンターであった。

　私が何を言わんとしているのかはもうお分かりであろう。オーグはモグのために槍を作り、モグはその見返りにオーグに動物の肉を提供する。これがお金というコンセプトの起源であり、バーター（物々交換）である。ある人が別の人のために価値あることをして、その見返りにその人からやはり価値あるものを受け取る。その後、オーグとモグの子孫は商品やサービスの取引手段として、石と動物の歯を交換し始めた。物々交換を飛躍的に便利にしたこれらの象徴が硬貨に発展し（紀元前17世紀にリュディア人が作った）、のちに通貨やお金になった（中国で最初に作られた通貨は、それから何世紀もあとの18世紀後半にフランスで普及した）。文明が進歩すると商品やサービスは物々交換する市場を越えて広く普及したので、人々はこの便利なお金を使うようになった。さらに人々は信用を積み立て、それを必要な商品や

サービスを購入したいときに使うようになった。

しかし、最近では政府が紙幣の増刷、増税または通貨の実質価値の引き下げなどによって当面の財政問題を回避することも珍しくなく、通貨本来のコンセプトも大きく変質している。とはいっても、オーグの時代からお金の本質はほとんど変わっていない。その実質価値とお金を稼ぐことの本質は不変である。お金を稼ぐ、すなわちお金を生み出してその価値を減じないためには、次のどちらかのことをしなければならない。すなわち、資産価値を増やす、そのためのサービスを提供する――のどちらかである。

資産価値を増やす

建設労働者のチャーリーはある朝現場に行き、縦・横・深さ約1.2メートルの穴を掘るように言われ、その仕事を昼までに終えた。昼食を済ませて現場に戻ったところ、現場の責任者から「申し訳ないが、午前中の仕事は手違いだった」と言われた。彼の午後の仕事はその穴に泥や砂利を戻し、午前中に掘った穴を元通りにすることだった。その仕事がようやく終わったとき、チャーリーはお金を稼いだのだろうか。確かにお金は稼いだが（労働と汗の対価として支払われた賃金）、彼は何も生み出さなかった。彼の労働に対して支払われた賃金は、資産に対して何の価値も生み出さず、またどれ（現場責任者やその建設会社）にも価値を生み出すようなサービスを提供しなかった。お金に値するものとは生み出されたものの価値であり、それを生み出すために投入された労力ではない（すべての労使関係者がこのことをよく理解していれば、労使交渉もスムーズに進むだろう）。

サービスを提供する

　もう一度繰り返すが、富の創造とは資産価値を増やす、そのためのサービスを提供する、またはそれによる報酬を得ることである。鉱石から鋼鉄、鋼鉄から部品を作り、それらの部品を組み立てて自動車を製造し、それをユーザーに販売する。これらはすべて価値を生み出したり、サービスを提供することである。製造業、情報サービス、輸送または建設業などその業種を問わず、その価値やサービスの受益者にメリットをもたらすような価値やサービスを提供しなければならない。これに対し、希少価値の物や社債・国債などの確定利付き証券などはそのような価値を生み出すことはない。こうした理由から、これらの物は実業に内在するような投資価値はない。

起業

　起業の目的はそうした価値を創造したり、またはそのためのサービスを提供することにある。それゆえ、起業は富の創造の源泉となる。起業家とは価値あるものの創造を夢見て、それをやり遂げようとする人々である。しかし、そうした起業家が商品やサービスを提供するとき、大きなリスクが伴う。商品やサービスが実際に提供されるまで、それに対する需要は予測できず、また実際に費用を計上するまでそのコストを正確に算出することはできない。さらにその起業家が投資額を回収するまで、その商品やサービスに対する需要が持続するのかも分からない。このように頭の中の想像が現実になるまでには膨大なスタミナ、商品・サービスの知識、多額の資金が必要である。さらに残念なことは、米商務省の調査結果によれば、生き残っていく新しい企業は倒産企業よりもはるかに少ない。
　こうした理由から、新規事業に資金を提供するベンチャーキャピタ

ルやスタートアップ企業の支援者は、新興企業にかなりの対価を要求する。あなたはそうした新興企業に大事な虎の子を差し出したいとは思わないだろう。その企業が勝ち組になったときの見返りが極めて大きいとしても、その可能性はかなり低いからである。したがって新興企業への資金提供は、その事業を熟知し、その勝算も十分に承知し、大きなリスクを取る人に限られる。

　それではすでに成功している企業を買収するのはどうだろうか。スタートアップ資金を提供するよりもはるかに危険が少なく、その実績も実証済みである。たとえ80％の確率で不利な賭けだとしても、新興企業への投資よりはましであろう。しかし、生みの苦しみはないとしても、すでにその起業家が多くのリスクを取ってスタートアップ業務をやり遂げているので、そうした企業の買収コストは巨額に上るだろう。そうした企業を買収するだけの資金があるだろうか。またその企業の経営についてどれだけ知っているだろうか。

　さらに、その企業の創業者やオーナー、または従業員は買収したあとも残ってくれるだろうか。それとも自分でその買収企業を経営しなければならないのか。いろいろな問題が起こったとき、それにうまく対処できるだろうか。その企業が提供する商品やサービスに関する知識はあるのか。企業経営、人事管理、マーケティングなど、その企業のさまざまな活動に関する十分な知識があるのか。一方、その企業が直面する多くのリスクを取る準備はできているか。企業は生き物であり、政治家のちょっとした発言で経済環境や業績が大きく変化することも珍しくない。激しい競争、有力な経営陣の喪失、販売戦略の間違い、景気の下降、広報活動のミス、商品の老朽化など、企業を倒産に追いやるような問題は山ほどある。

　会社を保有することの見返りはかなり大きいが、それだけリスクも大きく、特に最近では製造物責任や訴訟に関するリスクが深刻である。そうしたリスクを小さくしようとすれば、その見返りも少なくなる。

しかし、お金や富を創造する価値を生み出すという企業の目的とメリットをまだあきらめることができなければ、パートナーと共同で企業のリスクや経営責任を分担できないだろうか。自分にそれだけの資金や能力がなければ、共同経営者を雇うこともできる。しかし、それでも多くの問題は残る。経営や財務政策、または将来の方向について意見の相違が大きくなれば、共同経営はうまくいくだろうか。さらに共同経営者を雇ったとしても、訴訟のリスクがなくなるわけではない。投資額ではなく、所有するものに対して訴訟が起こされるかもしれない。

企業経営や製造物責任などのリスクを限定しようとすれば、そのひとつの方法が株式会社である。株式会社であれば、その所有比率に応じてリスクや責任を分担・限定することができる。価値や富を創造するという企業の目的を達成し、自分の富も増やせる最も安全な方法ではないだろうか。しかもすでに成功している企業を所有すれば、その安全度はさらに高まるだろう。

企業の評価

それでは望ましい投資企業とはどのようなものか。まずそうした企業に対してどのくらいの値段を支払うべきかを知る必要がある。そのためには財務諸表をチェックする有能な会計士やアナリストを雇わなければならない。その企業は素晴らしいといったような他人の言葉を鵜呑みにすることはできない。その財務諸表は監査済みでなければならないが、こうした仕事は有能で誠実なプロでなければできない。それからその企業が保有する固定資産の価値（摩耗・老朽化した分を差し引いたもの）をチェックし、その企業は利益を出しているのか（収入から必要経費を控除した残りがプラスになっているのか）を確認する。こうしたことはすべてその企業の財務諸表を見れば明らかである

（これについては第4章で分かりやすく説明する）。

　そのなかで最も重要なことは、その企業がどのくらいの利益を上げているのかである。企業の最終利益は投資資金をできるだけ早く回収し、再投資を増やせるかどうかの目安となるからだ。投資利益を回収または企業内に留保するのかどうかにかかわらず、実際に利益が出るのはその企業が初期投資コストを回収したあとになる。

支払価格の評価

　次に、その企業に対する支払価格が各年の利益のどれくらいになるのかを知らなければならない。その金額は業種によっても違うが、これまでの経験則から標準的な水準というものがあるようだ。ある業種の企業では5倍、ほかの業種では3倍といったように厳密な基準は存在しないが、その金額はその企業の株式の買い手と売り手が決めるもので、その利益水準がベースとなっている。もしもある企業を買収し、その経営責任やリスクなどをすべて引き受けようとすれば、標準的な買収金額は年間利益の3～5倍といったところであろう。自分が経営に参加することで利益の増大が見込まれるならば、それ以上の買収価格を支払うこともある。

　例えば、前年利益の3倍の金額を支払って買収した企業が毎年その水準の利益を上げていれば、その投資額はほぼ妥当な金額である。3年後には投資額を回収し、それ以降は余剰利益が出る。しかし、投資する前に毎年利益が増大すればどうなるのだろうか。おそらくその企業の評価額が上昇するために買収額は高くなり、前年利益の5～6倍の金額を支払っても、3年後には投資額を回収してそれ以降からは利益が出るだろう。このように利益の何倍の金額を支払うのかは、何年で投資額を回収して利益を出せるのかといった期間が目安となる。毎年右肩上がりの利益を計上し、有能なプロ集団で経営されている成功

した企業（株式会社）であれば、経営責任やリスクもあまりないのでかなりの金額を支払ってもよいと思うだろう。

　以上のことを要約すると、その企業の経営リスクが小さければ支払額は大きくなり、最小のリスクで最大の利益を得るには株式会社に経営参加すべきである（ほかの投資家と一緒に参加して、リスク負担を共有する）。こうすれば自分の責任は投資額だけに限定される。その部分参加料は購入する株数によって決まり、その企業が訴えられても、マイホームを失う心配はない。有能な経営者が経営に当たっていれば、投資額に応じた利益を手にすることができる。そうした企業に投資すれば投資額は5年以内で回収できるので、少し割高な支払価格もけっして高くはないだろう。われわれの目標は5年で投資額を回収することではなく、それを2倍にすることであり、これは十分に達成可能な目標である。

株式の所有

　株式とは投資した企業の部分所有を意味するもので、その企業の利益にあずかる権利がある。つまり、あまりリスクを取らないで企業所有のメリットを享受できる。株式保有者はその企業の利益の一部を受け取り、その資産の一部を所有している。たとえその企業が倒産しても、負債を差し引いた残りの財産の一部を受け取る権利がある。成長がストップまたは緩慢な大手企業の株式を所有すれば、少なくとも配当金といった形の分け前を受け取ることができる。しかし、退職者やインカムゲイン狙いの投資家でなければ、そうした企業への投資はあまりおもしろいものではない（これについてはいろいろな意見があるが、その欠点についてはあとで述べる）。

　一方、毎年右肩上がりの利益を上げている企業の株式を保有すれば、投資したお金は事業に再投資されるので現金は受け取れないが、保有

株の評価額は上昇していく。保有株を売却してはじめて利益を手にできるが、そうすれば税金を支払わなければならない。自分の持ち分をほかの人に譲ったときに利益計上と税金支払いが発生するが、それまではその企業が利益を増やしているかぎり、保有株の評価益も増大していく。

テクナメンタル投資家は、立派な業績といまだ成長途上にある優良企業だけに投資する（第6章では投資企業とその見つけ方について説明する）。それらはニューヨーク証券取引所、アメリカン証券取引所またはナスダックに上場している企業である。これらの証券取引所に上場している企業は、上場時よりもかなり高いPER（株価収益率）で売買されている。しかし、ここでも投資原則はまったく同じであり、リスクの小さいこれらの企業の株式を所有するには利益の10〜15倍、またはそれ以上の価格を支払わなければならない。第一版が刊行された当時、PERが100倍以上で取引されていた企業もあった。こうした高PERの企業に投資して何年で投資額を回収できるのかを考えると、そうした投資家はかなりの長寿者、または単なる大バカ者のどちらかであろう。

リスクを軽減する分散投資

ひとつの籠にすべての卵を盛ることは賢明ではない。その籠がどれほど丈夫であっても、何が起こるか分からないからである。株式投資に関する最後の重要な問題は、リスクを軽減する方法である。ある企業に投資してかなりのリターンが見込まれるとしても、けっして集中投資してはならない。各企業を調べれば（これは簡単なことである）、投資適格企業から除外される平均以下の企業はすぐに分かるだろう。それらの企業を除く平均以上の企業でポートフォリオを組成すれば、いろいろな籠に卵を入れることになるので、そのうちの1社が見込み

違いだったとしても、ポートフォリオ全体がリスクにさらされるようなことはない。これが分散投資と呼ばれるもので、株式投資の重要条件のひとつである。平均以上の企業に分散投資すればリスクを軽減できるうえ、そうした企業の株式を保有するメリットも享受できるので、価値と利益の両方を増大することができる。

投資と投機

　大切なお金を投機してはならない。株式市場で投機をすればラスベガスやアトランティックシティで味わうのと同じ興奮を経験できるかもしれないが、それらカジノ賭博者と同じように成功することはほとんどない。投機の勝算は極めて小さい。本書が投機で成功する方法を教えていると思うならばそれは大間違いである。私の投資法と多くの不幸な投機家がしていることには雲泥の差がある。私が勧めているのは企業に参加してお金を儲けることであり、自分の購入した株式をさらに高値で買う人に売り付けてぼろ儲けすることではない。価値と利益を生み出す投資対象は成功している企業である。

　よく考えてほしい。投機とはその言葉の真の意味でギャンブルであり、その利益は消費者が適正な価格で購入する商品やサービスを正しく提供することで得られるものではなく、そのリスクは甚大である。ルーレットに賭けるギャンブラーと同じように、投機家は予測できない出来事に賭けている。株式は多くの人々がその企業に参加するという目的で発行される。ところが投機では株価が上昇してほかの人に保有株を売却すれば、その新しい株主も株の売買で利益を上げようとする投機家であろう。株式相場の変動は短期間で一攫千金を狙うこのような人々にとって好都合である。

　株式が欲望と恐怖で売買されるとき、人々の心理が大きく作用する。つい最近まで一部の相場師が市場で不安を駆り立てたり、または楽観

的な情報を流して株価を操作することはそれほど珍しくはなかった。彼らは企業がその株式の価値を高める利益を上げる前に、適正価格以上または以下でその株式を売買する。変動の大きい現在の株式市場では、分単位の値動きを注視しているトレーダーがわずかな利益を狙って激しく株式を売買している。

乳飲み子の投機集団

　一般の人々に株式市場に対する感想を聞いてみると、多くの人々は怖いところと答えるだろう。株式市場とは大損をしたり、知人からそうした体験を聞かされた怖い場所といったイメージがある。確かに宝くじと同じように、大儲けするのはほんの一握りのトレーダーだけで、多くの一般投資家は損をするというのが現実である。一部のプロは別として、現在の株式市場では多くの人々は株式投資とは単にその株式を買うのではなく、実はその企業を買っているという事実に気づいていない。私に言わせると、これらの投資家は「乳飲み子の投機集団」である。乳飲み子の投機集団とは、乳飲み子から株を買い、それをまた乳飲み子に売る人々である。すなわち、適正な価格など知らない乳飲み子から株を買い、それをやはりそんなことなどまったく知らない乳飲み子に売ることである（もっとも、いつでも売りたい値段で売れるわけではない）。

　平均的な個人投資家がそうした乳飲み子の売り手・買い手の両方とまではいかなくても、そのどちらかにならないという保証はあるだろうか。株式の適正価格を決定する合理的な方法を知らなければ、乳飲み子が保有株を売却して利益を上げるには別の乳飲み子がいなければならない。ウォール街ではこうしたことを「大バカ理論」と呼んでいる。株式の買い手には常に自分よりも無知な別の買い手が必要となる。

　一方、（まもなく学習する株式評価法に従って）前年利益の一定倍

率という基準の基づいて成長企業の株式に投資するならば、その株式を適正な価格で購入したことになる。時間が経過しても自分の支払価格が適正なものであれば、新しい買い手が同じPER（株価収益率）、またはおそらくそれ以上のPERで喜んで買ってくれるだろう。利益が2倍になったときに同じPERで取引されていれば、株価は2倍になっているはずであり、当初の投資額も2倍になる。こうした長期投資はギャンブルではなく、保有株を売り抜けるための大バカを探す必要もない。

なぜ長期投資なのか

それを決めるのはあなたである。今の時点でまだ大穴を狙い、カメよりはウサギのようにゴールしたいと思っているとすれば、それによって失うものを少し考えてほしい。以下で述べるのは私の投資法のメリットである。

勝ち組銘柄は4/5

これはほぼ半世紀にわたる全米投資家協会（NAIC）の経験によって実証されているもので、もしもあなたが熱心かつ地道に勉強して5銘柄に投資したとすれば、1銘柄は予想以上の好成績、3銘柄はほぼ予想どおりの成績、そして残りの1銘柄は期待外れの結果をもたらすはずである。これは「5銘柄のルール」と呼ばれるもので、この確率をよく覚えておいてほしい。企業に降りかかる災難は予測がつかない。例えば、ある大手食品チェーンが飛行機事故で多くの経営陣を失ったことがあったが、だれがこんなことを予測できるだろうか。すべてのリスクは突然やって来るが、その投資法が正しければ、成功の確率は80％である。こんな結構なことがあるだろうか。

5年で投資資金を2倍に

　この5銘柄のルールを念頭に置いて株式投資すれば、5年ごとに資金は2倍になる。実証に裏付けられたこの投資法に基づいて投資する企業を選別していけば、ときに優秀な経営陣がミスをすることがあっても、投資した企業は予想どおりの結果をもたらしてくれるはずである。それらの企業が予想どおりに右肩上がりの成長を続けていれば、毎日の変動はあっても長期的には株価も上昇を続けていく。例えば、S&P500は主要500社の株価の加重平均指数であるが、これまで年間平均で約10％のペースで上昇し続けている。つまり、もしもこれら500社の株式をすべて購入・保有したとすれば、1年間で投資資金は10％増えることになる。

　これは主要500社の平均リターンであり、もしも平均以下の企業を除外して最優良企業だけに投資したとすれば、投資パフォーマンスはその1.5倍にはなるだろう。テクナメンタル投資家は年間15％のリターンを目指しており、これを複利で運用していけば投資資金は5年で2倍になる（複利とは前年の利益もすべて翌年に再投資することである）。5年で投資資金を2倍にすることはだれにでも達成可能であり、実際に何十万人という個人投資家が毎年この目標を達成している。

気楽なポートフォリオの維持

　1カ月、3カ月または1年ごとに株価をチェックするだけで済むほど気楽な株式投資をしたいとは思わないだろうか。こうした投資法は本当に気が楽であり、しかもだれにでもできる。これが株価ではなく、その企業を買うというこの投資法の最大のメリットである。乳飲み子の投機集団であれば、毎日の株価に一喜一憂しなければならない。株価は取引所が開いている間は常に変動し、また取引所がクローズして

いる夜間でも取引が行われているため、トレーダーは心休まるときがない。しかも1年間に株価が平均値よりも上下50%以上も変動するので、トレーダーは利益のチャンスを逃すまいと常に緊張している。

　一方、長期投資家は株価がさまざまな材料（見当違いのものも少なくない）で短期的に変動することを知っているので、ひとつの単純な事実が変化しないかぎり、そのような目先の短期的な変動に一喜一憂することはない。すなわち、「ファンダメンタルズ（売上高や利益など）の変化を反映しない株価の変動は一時的なものである。上昇した株価はやがて下がり、下落した株価はまもなく上がる」。長期的な株価はその会社の利益に直結しており、1週間、1時間または1分ごとの株価の動きを見ても何の意味もない。お金を儲けたいのであれば、ギャンブルではなく投資すべきである。短期的な株価の動きを見ているのは、ルーレットをしているのと同じである。それは興奮するかもしれないが、毎日の仕事もできなくなる。

みんなが勝ち組投資家

　この点は重要なので、もう一度繰り返す。テクナメンタル投資（長期投資、バイ・アンド・ホールド、ファンダメンタルズ投資など）には負け組投資家はいない。株式を買う前にその企業内容を調査するという簡単な作業を行い、そして分散投資を心掛ければ、5銘柄のルールが80%の勝算を保証しているので失敗することはない。保有株を売却したいときは適正な価格で売れるので、保有株を買ってくれる乳飲み子を探す必要もない。あなただけでなく、あなたから適正な価格で株式を購入した別の投資家もやはり成功するだろう。

税金の繰り延べ

　保有株を売却するまで、値上がり益に対して課税されることはない。保有株を売却するのは、①その企業のファンダメンタルズが悪化して利益目標の達成が難しくなったとき、②お金が必要になったとき——のどちらかである（三番目のもうひとつのケースがあるが、これについては第12章で述べる）。それ以外はその企業が稼いだ利益を再投資すれば、利益成長が続くかぎり、毎年保有株の評価益は増えていくだろう。保有株を売却しないかぎり、この未実現利益には税金がかからない。それ以外にも投資家が死亡したり、評価損になったときも課税されないが、こうしたことは望ましいことではない。一方、安値で買って高値で売るトレーダーはそのつど利益に対して課税されるので、キャピタルゲインの20％もの税金を支払えば、再投資に回す利益も20％少なくなる。

　これについて、「お金を引き出すまで課税されないという点で、個人退職積立年金や401k（確定拠出年金）はどうだろうか」という質問も出るだろう。こうした投資は資金をある企業から別の企業に移せるし、また課税されないという点では悪くはない。401kも自分で投資できない多くの人々にとっては悪い方法ではない。また勤務する企業が従業員の投資計画に補助金を支給するような場合は、自分で投資する願ってもないチャンスである。こうした非課税投資の最大のメリットは納税分も再投資に回せるので、投資資金を増やし続けることができることである。

　しかし、この世の中にうまいことばかりはないもので、あとで大きな税金が待っている。すなわち、最終的に利益を引き出すときの税金は（5％の）キャピタルゲイン税ではなく、通常の個人所得税が課せられる（ただし、退職年齢のときの税率は少し安くなる）。本書の執筆時点で個人所得税の最高税率はキャピタルゲイン税の3倍以上であ

る。議会が修正法案を可決しないかぎり、投資家はこの税率を補って余りある方策を考えなければならない。明らかに最もコストの安い利益は非課税ポートフォリオの利益であり、保有株のキャピタルゲインを毎年増やしていくのが賢明であろう。

退職しても永遠の長期投資家

　それでは老年の人々が老後のために積立金を取り崩す時期になったとき、この長期投資をどのように考えたらよいのだろうか。こうした人々に対する私からのアドバイスは、永遠に生きようと思えということである。このように考えると、朝起きてから夜寝るまで楽しくなるし、またベターな投資プランをあれこれと練ることもできるだろう。物は考えようで、年間15％のリターンは債券利回り（６％）の２倍以上であり、良い環境のときに２倍の財産を蓄積しておけば、いざというときも十分に対処できるだろう。第二次世界大戦が始まって大恐慌が終了した1940年代初め以降、株式相場では長期の大暴落はなかった。最悪の時期でも優良企業は利益を出し続け、その株価は下降トレンドに逆行して上昇していた。倒産したのは経営能力のない脆弱企業であり、有能な経営者の率いる強力な企業は市場シェアを拡大していった。こうした状況を見ると、相場が戻れば勝ち組企業のポートフォリオは真っ先に上昇するだろう。長期的に好業績を上げている企業とその株式を信じることである。われわれの目標はほかの人々がせいぜい６％の利回りに甘んじて毎年税金を支払っているときに、15％のリターンを上げ続けることである。

株式投資をする理由

●富を築くには資産価値を生み出す、またはそのためのサービスを提

供するのどちらかである。
●資産価値を生み出すには、右肩上がりの利益成長を続ける企業に投資することである。
●企業を所有すればその利益は甚大かもしれないが、莫大な資金とリスクを負わなければならない。成功している企業の株式を所有すれば、小さなリスクで安定した利益を確保できる。
●高成長企業の株式を購入し、それを長期にわたって保有すれば、かなりの利益が得られる。
●短期投資の利益は予測不能であり、その勝算はかなり低い。他人の損失で利益を上げるので、自分がその負け組にならないという保証はない。
●長期投資のメリットは、気楽なポートフォリオの維持、5年間で投資資金を倍増できる可能性、税金の繰り延べ、負け組投資家がいないこと——などである。

　最後にこの投資法のベースとなる簡単な数字を挙げておこう。

1．優良企業の適正なPERは15倍であり、そうした企業が前年に1株当たり1ドルの利益を上げたと仮定する。
2．その企業の1株を15ドルで購入する。
3．5年後にその企業の利益が1株当たり2ドルに増加した。
4．15倍のPERで換算すると株価は30ドルに上昇する。

　これで投資額は5年で倍増する。この投資法の考え方とメリットをよく考えてほしい。次章では成功する投資家になることを妨げている世間の常識を打ち破ろう。

第3章
間違った常識を捨てよう
Dispelling the Myths

　株式投資について世間ではとんでもない常識がまかり通っているが、そんなものはすぐに捨てるべきだ。「一般投資家ではけっして知ることのできない厚い壁で覆われた秘密情報を、インサイダーだけが握っている。そうした壁があるので、インサイダー以外のだれも株式投資で成功できる情報を入手することはできない……」。こんなバカな常識がまかり通っている。さらに「証券の学位、MBA（経営学修士）またはCFA（公認証券アナリスト）の資格がないと、ビジネスや株式投資で成功できるほどの知識は身につかない」などと、投資業界のプロたちは一般投資家に信じ込ませている。こんなことはすべてナンセンスである。投資業界の人々は、一般投資家が独力では成功できないと信じ込ませなければならないのである。例えば、すべての投資家が証券マンのアドバイスを必要としないで自分で投資決定を下したら、彼らはどうなるのだろうか。彼らの仕事は投資家から注文を受けてそれを執行することである。しかし、そんなことはインターネットでもできるし、仕事が終わったあとで注文を出してもよい。
　マネーマネジャー、ミューチュアルファンド・マネジャー、アナリストたちは、洪水のように発行されるニュースレターでさまざまな株式を推奨している。そして証券会社の事務員やコンピューターエンジ

ニアから役員のお抱え運転手に至るまで、すべての関係者が一般投資家の無知を飯の種にしているので、そうしたニュースレターのサンプルを請求してくるような投資家を無知蒙昧の状態にしておかなければならない。これは明らかに脅迫ビジネスである。しかも、一般投資家が知らなくてプロだけが知っていることって何なのか。彼らプロの成績は市場平均にも及ばないではないか。航空技師は自分では空を飛べないが、ミツバチが自由に空中を舞っているように、老人から子供まで何百万人という人々が株式投資で成功しているし、あなたも成功できるのである。

こうしたことは何も一般投資家が賢明で、プロたちが愚かであるということではない。彼らはけっして愚かではないし、少なくとも彼らの多くはそうである。プロたちが成功できないひとつの理由は、他人のお金を運用しているからである。他人のお金を扱うことに伴う責任を回避するため、多くのミューチュアルファンド、銀行、生保および資金運用会社は極めて保守的な投資法を採用している。

さらにSEC（証券取引委員会）も投資家保護の厳しい法令順守を義務付けているので、プロたちは一般投資家のように自由に資金を運用することができない。運用法の多くは本来の目的にかなっているが、なかにはかなり的外れのものもある。なかでも最大の問題のひとつはプロたちの評価法であろう。同僚や証券メディアなどはファンドマネジャーのポートフォリオの損益を四半期ごとに評価するので、マネジャーたちは3カ月ごとに不人気株から人気株に乗り換えなければならない。こうしたくだらない慣行がファンド出資者のコストを引き上げている。

だれでも株式投資で成功できる──ピーター・リンチ

アメリカで最も優れたプロ投資家のひとりはピーター・リンチであ

ろう。株式投資で巨額の資産を築き、その投資法を公開している成功者にはウォーレン・バフェットやサー・ジョン・テンプルトンなどもいるが、断トツのプロ投資家は何といってもピーター・リンチである。彼は私を含めて、プロのアドバイスがなければ株式投資で成功できないと信じ込まされてきた多くの投資家に大きな勇気を与えた。リンチはアメリカで最も成功したミューチュアルファンドのひとつであるフィデリティ・マゼラン・ファンドのファンドマネジャーとして、その運用資金を1977年の4.75億ドルから12年後の1989年には90億ドルに増やした。

同年に出版された名著『ピーター・リンチの株で勝つ』(ダイヤモンド社)は投資家の必読書である。ジョン・ロスチャイルドとの共著である同書は間違った常識を信じ込まされてきた個人投資家にとって、気楽に読める株式投資の入門書である。同書の「はじめに」のなかで、リンチは「普通の人がその頭を3％も働かせれば、平均的なウォール街のプロと同等か、それ以上にうまく投資できる」と書いている。このことをよく頭にたたき込むべきだ。何と単純で信頼できるプロであろう。これほどのプロがだれでも株式投資で成功できると言っているのだから、あなたも成功できることは間違いない。

NAICもこれを実証

これまで500万人以上の投資家が全米投資家協会(NAIC、1951年に設立)の門をくぐり、そこで成功できる株式投資のノウハウを習得していった。そして数千人のボランティア会員たちがNAICの教育活動を支えている。さらに投資クラブのメンバーを含む20万人以上の個人投資家が現役のNAIC会員として活動している(NAICの活動に関する詳しい情報は「http://www.better-investing.org/」まで)。多くのNAIC会員たちは平均的なプロよりも高いパフォーマンスを上げて

おり、最も成績の悪い会員でさえも一部のプロほどひどいパフォーマンスではない。

　ところで、以前に話題を集めたビアーズタウン・レディーズについて少し触れてみよう。突然マスコミで有名になったこの投資クラブはイリノイ州の小さな町の16人の女性で構成し、メンバーの年齢は41〜82歳と多岐にわたっている。マスコミで報じられた彼女らのパフォーマンスは実際とは異なっていたが、それはリターンの計算違いによるものだった。パソコンに入力されていた年率23.4％というリターンは実際に計算された2年間ではなく、それ以前の9年間のパフォーマンスだった。これを知った証券業界やプロたちの喜びようは大変なものだった。平均年齢が70歳のこの女性投資クラブのメンバーはもとより、普通の投資家もやはりプロにはかなわないことが実証されたという理由からである。

　しかし、彼らはこれらビアーズタウン・レディーズの女性たちでも、自分流の常識的な株式投資法で成功できたという重大な事実を見逃していた。この女性投資クラブの設立当初からの年率平均リターンは15.3％という立派なもので、これはプロ監査人のお墨付きを得ていた。このリターンこそわれわれが目指しているものである。このビアーズタウンの女性たちは、一般投資家でも株式投資で成功できることを実証してくれた。自分流のやり方では成功できないと言うプロたちのことなどは無視して、空中を自由に舞うミツバチのように、自分でやってみようではないか。

だれでも簡単にできる

　あなたはピーター・リンチの言葉を額面どおりには受け取らないかもしれない。彼はわれわれ一般投資家とは違う世界に住んでいると思ったり、またNAICの実績に対しても疑いの目を向けるかもしれない。

そうしたことを信じようと信じまいとそれはあなたの自由だが、それならばほかに信じることのできる人がいるのか。ビアーズタウン・レディーズのパフォーマンスの計算間違いを許すことができず、彼女らの立派な実績も評価せず、またそこから貴重な教訓をくみ取らなければ、ひねくれた皮肉屋のひとりになってしまうだろう。たとえそうなったとしても、あなたは自分の常識を信用できないほどの懐疑者ではないだろう。そんなあなたに私が言いたいことは、だれでも株式投資で成功できるし、しかも簡単にできるということである。学力の程度がそれほど高くなくても（あるいはほとんど学力がなくても）、われわれの投資原則を理解することはだれにでもできる。本書のあとで詳述することをここでまとめておこう。あなたに常識があり、われわれの投資法が論理的でそれほど難しくはないと思えるのであれば、あなたは株式投資の成功途上にある。

重要なポイント

　有望株をうまく発掘するには、その企業について次の２点を確認すればよい。すなわち、①その企業は購入に値する優良企業であるか、②その企業の株価は妥当な水準にあるか（その会社がいくら優良企業でも、株価が高すぎては株式投資で成功することはできない）。

企業の質に関する２つのテスト

１．売上高と利益の伸び　最初に注目しなければならないのはその企業の実績である。製品やサービスの販売数量が伸びているか、経営陣は販売増を株主の利益に結び付けているのか——などである。
２．経営効率性　次に目を向けるのは、そうした実績を持続する経営陣の能力である。経営陣は各種コストを適切に管理する能力があるの

か──など。

これらの具体的な意味をよく理解できなくても、次章で分かりやすく説明するので心配する必要はない。第7章～第9章で詳述するテクナメンタル分析ツールを使えば、その企業の成長力や経営効率性を簡単に知ることができる。

株価に関する2つのテスト

その企業が所有するに値する優良企業であることが分かれば、次は現在の株価が妥当な水準にあるのかどうかを含め、次の2つのことを分析する。すなわち、①今の値段で買って満足すべき収益が期待できるか、②そのリターンを得るにはどのくらいの潜在的リスクを取らなければならないのか（これについては第10章で詳述する）。その企業がこの2つのテストをクリアしていれば、その株式が勝ち組銘柄になる可能性は80％である。

株式投資で成功するポイント

- プロのアドバイスがないと株式投資で成功することはできないと広く信じられているが、独力で成功できることを実証する多くの証拠がある。伝説的なプロ投資家のピーター・リンチもそう言っているし、NAICの50年の実績もそれを裏付けている。それらの投資法の簡単な論理を知るだけで十分である。
- 投資企業の質を決定する2つの基準とは、利益成長率と経営効率性（利益成長を持続する経営陣の能力）である。
- 妥当な株価を決定する2つの基準とは、期待収益とそれを得るための潜在的リスクである。

●こうした簡単なテストをクリアした5社のうち、少なくとも4社の株式は長期投資の勝ち組銘柄となる。

　こうしたテストを繰り返していけば、株式投資で資産を築くことができるだろう。

第4章
専門用語を知る
Learning the Language

　あなたはファンダメンタルズ投資家になろうとしており、それがベストの道である。名の通った偉大な投資家はすべてファンダメンタルズ投資家であり、あなたもまもなくピーター・リンチ、ウォーレン・バフェット、サー・ジョン・テンプルトン、グレアムとドッドの仲間入りをするだろう。しかし、こうしたプロのファンダメンタルズ投資家が書いた本を読むと、おもしろく啓発されるものも多いが、いまひとつ何かしっくりとこないものを感じる。それは平易な言葉で書かれている本が少ないからである。それらの本に書かれているさまざまな指標やレシオは企業経営者にとっては有益かもしれないが、一般投資家にとってはそれほど重要ではない。そうした専門用語についてそれほど心配する必要はない。私はそれらの本の筆者ほど経験や知識も豊富ではないが、あなたが私よりもそうした専門用語を知らなくても、株式投資で成功できることを保証しよう。

　本章末にはあなたが知らなければならないわずか10の重要項目を掲載し、また知る必要のない項目とその理由についても述べた。巻末の付録Aにはそうした専門用語をまとめて掲載し、その利用法も示したので、あなたがそれらをマスターすれば、証券マンや友人たちもびっくりするだろう。しかし、最も重要なことは本書を読み終えたとき、

企業のどこに目を付けるのかを学び、成功する投資決定法をマスターすることである。それは絶対確実なものでも、また常に正しいものとは言い切れないが、80％の確率で正しいものであり、株式投資で成功するにはそれで十分である。それでは始めよう。

知らなければならないこと

　企業とその株式を評価するうえでまず最初にすべきことは、そこで使われている用語を知ることである。企業の分析・評価に関する必須用語は必ず理解しなければならない。しかし、理解すべき専門用語はわずか10項目であり、それ以外の用語は無理に知らなくてもよい。一般投資家が知らなければならない企業の重要項目と、経営陣が企業経営で使用する指標などは大きく異なるからである。例えば、近くのスーパーまで買い物に行くとき、車のボンネットのなかがどのような状態になっているのかを知る必要があるだろうか。また点火プラグギャップの状態、キャブレターの燃料と空気の混合比なども知る必要はない。知らなければならないのはアクセルの踏み方、加速の仕方、ブレーキの踏み方などである。車が故障したときは修理会社に修理と点検を依頼すればよい。

　幸いなことに、最近では関係当局の監視が厳しくなって、悪質な企業経営者にだまされる可能性は悪質な修理会社に引っ掛かる危険性よりも少なくなった。2001年末に経営破綻したエンロン事件以降、コーポレートガバナンス（企業統治）、会計慣行、証券業界の体質、投資信託の運用などに対する政府の監視と圧力が強まったことから、株式投資は以前ほど危険ではなくなった。

　企業を見るときはその経営状態が分かればよい。あなたには経営の軌道修正を命じる権限や責任はなく、経営者を雇用・訓練・解雇することもできない。できるのは経営不振企業から別の企業の株式に乗り

換えることだけである。そのためにはマイカーのエンジンの状態を知っておくのと同様に、企業の経営状態を分析する方法を知っておく必要がある。本書を読み進むうちに企業の基本項目や重要な投資ツールの使い方も分かってくるだろうが、それ以上に企業分析に興味を持つようになるだろう。しかし、企業経営のプロのように会社経営のツールを熟知する必要はない。さらに企業経営者が知っているインサイダー情報も知る必要はないし、たとえ知ったとしてもそれを実際に役立てることはできない。企業経営ツールを使ってその企業の問題点を知ったとしても、その会社の経営陣がそれにどのように対処するのかを予測することはできない。各企業の経営者の目は自社だけに向けられているが、あなたは多くの企業のオーナーなのである。投資家であるあなたは知るべきことだけを知り、それ以外のことは知らなくてもよい。最初に検討する用語は「株券」である。

株券

株券とはその企業の利益分配権であるが、株券は通貨やそれ自体に価値があって売買されるベースボールカードのようなものではない。株券はその所有者に発行企業の利益分配権を与える。つまり多くの株主に発行企業の所有権とその権利の行使を保証している。ある企業の株式を購入するとその企業の一部所有者となり、その比率がどれほど低くてもその企業の一定の所有権を代表する（その所有価値の評価法についてはあとで述べる）。

以下で説明する8項目は基本的なもので、それが意味するものはゼネラルモーターズ（GM）であろうと、ルーシーのレモネードスタンドであろうとまったく同じである。企業を見るときには、①当期の業績、②期末の財務状態——の2つをチェックすればよい。ルーシーはレモネードスタンドの財務諸表を発行しないが、そうしたものを提示

すればさらによい。レモネードスタンドの業績を報告するため、ルーシーは「今週は10ドル稼いだ」と報告する損益計算書、そして週末の財務状態を表すバランスシート（貸借対照表）（「手元にあるお金は20ドル」など）を発行してもよい。各企業は3カ月ごとの四半期報告、通年の年次報告を発表する。これらについてはあとで詳述するが、ここではその概要だけを説明する。

　一般に企業の業績は財務状態と表裏一体の関係にあり、多くの利益を上げれば財務状態も良くなる。このように損益計算書の内容がバランスシートにも反映されるので、それらの各項目は類似している。以下では良い項目と悪い項目を少し単純化して説明した。例えば、費用はそれが有効に使われ、それによって購入した設備などが利益を上げれば良いものとなる。しかし、われわれの目的上、それを多く保有すればその企業のメリットになるものは良いもの、少ないほど好都合のものは悪いものと単純化した。

損益計算書

　投資家の最大の関心事はその企業の業績であるので、まず最初に損益計算書について説明する。その目的は各年度の業績を年代順に記録することである。損益計算書の項目は50以上に上るが、そのなかで重要なものはわずか4項目だけである。それらの項目には損益計算書のすべての内容を要約されている。

売上高・収益

　ルーシーのレモネードスタンドの売上高とは、レモネードを売って入ったすべてのお金である。企業の売上高とは、提供する製品やサービスの対価として受け取ったすべての収入である。一部の企業にとっ

ては、販売する製品やサービスに加えて、賃貸・金利収入なども含むさらに広範な用語の「収益」のほうが適切であろう。しかし、われわれの目的にとって売上高と収益にそれほど大きな違いはない。企業が稼いだものはすべて売上高であり、これは損益計算書の冒頭に記載される。ルーシーのレモネードスタンドの売上高はレモネードだけだが、大手製造会社などはさまざまな製品とサービスを提供しており、各部門別の売上高を計上している。そうした内訳は企業案内などにとっては重要かもしれないが、われわれの関心事は総売上高だけである。企業の複雑な年次報告書を見るときも、総売上高だけをチェックするだけでよい（**図4.1**を参照）。ただし、すべての売上金額が製品の販売・出荷時に支払われるわけではない。多くの企業は顧客に後日請求書を送付し、売上金額を受け取る。このように出荷済み・未回収の金額も売上高に計上される。損益計算書では現金取引と受取遅延額を区別しておらず、それらの金額はバランスシートから読み取れる。

費用

注目する二番目の項目は「費用」である。一般家庭でも費用が多くなればそれだけ生活は苦しくなるので、これは明らかに悪い項目と考えられる。ルーシーのレモネードスタンドの費用はレモンと砂糖だけだが、製造会社ともなればその費用は原材料費から製品の製造・組み立て・出荷のコストまで多岐にわたる。これらの変動費は売上原価と呼ばれ、生産数量に応じて変動する（生産量が増えれば、その経費も増大する）。一方、固定費とは賃借料、従業員の給与、支払金利などで、生産数量に関係なくほぼ一定である。税金も費用に含まれるが、利益に応じて変動するので損益計算書では費用とは別項目に記載される。しかし、ここではそうした分類をしないで費用全体として取り扱う。

図4.1 損益計算書

ABC社の損益計算書
(2004/5/31に終了する年度)

	2004
売上高	
純売上高	$ 757,414
売上原価	229,727
売上総利益	527,687
売上高	
販売費・一般管理費	236,065
研究開発費	35,472
減価償却費	29,500
特別費用	11,650
総営業・固定費用	312,687
営業利益	215,000
その他の利益（純額）	14,696
利益	
税引前利益	229,696
法人税等充当額	80,623
株主に帰属する当期純利益	149,073
1株当たり利益	
希薄化前	$1.34
希薄化後	1.32
1株利益を計算するために使用される株式	:
希薄化前	111,509
希薄化後	112,582
普通株式1株に支払われる現金配当額	$ .12

利益

　売上高から費用を差し引いた三番目の項目が「利益」である。利益は明らかに良いものであり、各種費用を差し引いたあとに残るものである。ルーシーのレモネードスタンドで言えば、1週間暑い太陽の下で働いたあと手元に残る金額である。株主である投資家は投資した企業の利益の一部を受け取る権利がある。利益こそが付加価値と資産を生み出すものであり、これは企業の存在価値である。利益を得ることは良くないことであるという人もいるが、企業はそれによって従業員を雇い、機械を購入・稼動し、さらなる利益を生み出す。投資家が企業に望むのは利益の増大であり、利益こそが最終的に投資家にリターンをもたらすものである。これを単純に言えば、企業の利益が投資家の個人的な利益となり、その株式の価値を高めるものである。

1株当たり利益

　利益を発行済み株式数で割ったものが1株当たり利益（各株式に帰属する利益）であり、これは損益計算書の最後に記載される。もしもルーシーの両親が彼女の店の利益の半分を受け取ることを条件にお金を出してくれたら、ルーシーが稼いだ利益の半分が1株当たり利益と同じことになる。大手企業に対する個人投資家の保有株は全体のごく一部なので、受け取る利益の分配額はかなり少ないだろう。受取額は1株利益×保有株数となる。投資した企業の発行済み株数が100万株、過去3カ月間の利益が100万ドルであるとすれば、1株当たり利益は1ドル、100株保有していれば100ドルとなる。
　しかし、100株を保有していても100ドルの現金を受け取るわけではない。その企業がすべての株主にすべての利益を配当金として支払ったら、会社として何もできなくなり、そうした企業に投資する意味も

なくなるだろう。利益の一部はその企業の成長の原動力として社内に留保され、その成長力が株主に利益をもたらす。投資した企業が稼いだ利益を再投資するので、それによる好業績が投資基準をクリアするのである。一般に最も有望な成長企業はすべての利益を留保し、配当金はまったく支払っていない。一方、その会社が成熟した大手企業であれば、利益の一部を配当金として支払い、残りを社内に留保するだろう。こうした企業は目覚しい成長が限界点に達するまで収益を伸ばしてきたので、株主に利益の一部を還元するのが当然である。この種の企業は大きな投資リターンをもたらしてはくれないが、ゼネラル・エレクトリック（GE）のような成熟した超優良企業の株式は、ポートフォリオのバランスを保つ意味からも投資銘柄に組み入れてもよい。

以上が企業の損益計算書で注目する項目である。長期のグロース・バリュー投資であるテクナメンタル投資家が注目するのは、将来にわたって利益成長を持続できる企業である。保有株を手放すときまでその価値を高めてくれるのは利益の成長である。投資判断を決める企業の業績は１期だけではなく、連続した損益計算書から判断すべきである。毎年・毎四半期の損益計算書のこうした基本的なデータを分析することで、その企業の売上高と利益のトレンドが読み取れるが、それほど難しい作業ではないと思う。

バランスシート

私たちにはわずかに視野の違う２つの目があるので、両目で見ると一方の目で見るよりも対象物の距離、大きさ、動きなどをより正確に認識・判断することができる。バランスシート（貸借対照表）も企業のもうひとつの視野のようなもので、その企業の内容や価値などを映し出している。損益計算書と同じように、バランスシートでも基本的な項目を単純に良いものと悪いものに分類する。

図4.2　バランスシート

ABC社のバランスシート
（2004/5/31現在）

資産の部
流動資産
　現金・現金同等物 ･･ $ 129,359
　投資　　　　　　　　　　　　　　　　　　　　　　　　　　　60,078
　受取債権（差引―貸倒引当金　1999―$4883、1998―$5957）･･････ 215,034
　還付所得税　　　　　　　　　　　　　　　　　　　　　　　　 31,308
　棚卸資産 ･･･ 205,238
　前払費用・その他　　　　　　　　　　　　　　　　　　　　　　40,691

　流動資産合計 ･･･ 681,708

固定資産
　土地・付属設備　　　　　　　　　　　　　　　　　　　　　　　13,544
　建物・付属設備　　　　　　　　　　　　　　　　　　　　　　　92,396
　機械・設備　　　　　　　　　　　　　　　　　　　　　　　　 159,070
　　　　　　　　　　　　　　　　　　　　　　　　　　　　　　 265,010
　（差引）減価償却累計額 ･･････････････････････････････････････ 96,137

　固定資産（純額）･･･ 168,873

　投資　　　　　　　　　　　　　　　　　　　　　　　　　　　146,859
　無形資産（差引―減価償却累計額　1999―$18096、1998―$14427） 7,665
　取得した純資産の適正価額に対する取得超過額（差引―減価償却累計額　1999―$15826、1998―$11102）
　　　　　　　　　　　　　　　　　　　　　　　　　　　　　　 47,861
　その他の資産　　　　　　　　　　　　　　　　　　　　　　　　14,990

　資産合計 ･･･ $ 1,067,956

負債・資本の部
流動負債
　短期借入金 ･･ $ 45,137
　支払債務　　　　　　　　　　　　　　　　　　　　　　　　　　27,676
　未払税金　　　　　　　　　　　　　　　　　　　　　　　　　　17,088
　未払賃金・報酬　　　　　　　　　　　　　　　　　　　　　　　19,596
　未払保険料 ･･ 9,197
　未払訴訟費用　　　　　　　　　　　　　　　　　　　　　　　　55,000
　その他の未払費用　　　　　　　　　　　　　　　　　　　　　　27,736

　流動負債合計　　　　　　　　　　　　　　　　　　　　　　　 201,430
　繰延税金　　　　　　　　　　　　　　　　　　　　　　　　　　 9,565
　その他の負債 ･･･   324

　負債合計 ･･ 211,319

少数株主持分 ･･ 80,690

契約・偶発債務（注記L）

資本
　優先株―額面$100、普通株式―無額面：授権株式数500000株、
　発行済み株式数　1999―112578株、1998―112043株 ･････････････ 77,843
　資本剰余金　　　　　　　　　　　　　　　　　　　　　　　　　26,920
　利益剰余金　　　　　　　　　　　　　　　　　　　　　　　　687,828
　その他の包括的損失累計額 ･･･････････････････････････････････ (16,644)

　資本合計 ･･･ 775,947

　負債・資本合計 ･･･ $ 1,067,956

資産

　資産とは企業が所有するすべてのものをいう。もしもルーシーがあなたのところに来てレモネードスタンドへの出資を頼み、あなたが提供した20ドルでルーシーがレモン、砂糖、ピッチャー、カップ、テーブルなど購入すれば、残金を含むこれらすべてのものが資産となる。資産とは企業が所有し、それによって価値や利益を生み出すものである。資産は流動資産と固定資産に分類され、ルーシーのレモネードスタンドでいえば、20ドルは流動資産、ピッチャーやテーブルなどの非消耗品は固定資産となる。現金、工場設備、機械、車両、郵便切手、クリップなどすべてが資産である。現金化が容易なものほど流動性が高く、現金や当座預金などはその代表である。
　期末時点で顧客がその企業に支払い義務のあるすべての金額が売掛債権で、優良企業であればそうした売掛債権はすぐに現金化できるのでかなり流動性が高い。その他の流動資産には貸付金、不動産モーゲージ、余剰現金で投資した他社の株式などがある。一方、機械や車両などは簡単に現金化できないので流動性は低い。最も流動性の低い固定資産は土地・建物である。企業が所有するこれらの資産を一括して資産と見る。

負債・債務

　負債とは企業が借り入れたすべてのもので、悪いものとして分類する。もしもルーシーがあなたから利益配分の見返りとして20ドル借りたとすれば、彼女は負債を抱えたことになる。そのメリットは彼女はあなたに毎週一定額を支払わなければならないが、それ以上の売り上げはすべて彼女の儲けとなる。デメリットは雨の日が続いて売り上げ不振となっても、毎週一定額をあなたに支払うことである。バラン

スシートの負債は返済期間の短いものから順に記載される。支払債務（製品・サービスの購入代金、短期手形、ローンなど）は短期負債と呼ばれる。一方、割賦ローンや不動産担保ローンのほか、（一定期間後に返済、そして定期的に利息を支払う）社債や債券などは長期負債である。資産取得などのため株式発行の代わりに資金を借り入れる社債は代表的な長期負債である。社債による資金調達は株式の追加発行を伴わないので、既存の株主にとってそれによる利益の希薄化はない。この種の資金調達はレバレッジ（他人資本、借入金）と呼ばれ、企業にとって好都合な面もあるが、株主と企業自身にとって大きな問題もある。環境が厳しくなると、債権者はその企業の資産を強制的に処分して資金回収を求めることもあるからだ。もっとも、テクナメンタル投資家が保有する企業にこうしたことは起こらないだろう。

株主資本

資産から負債を差し引いたものが株主資本であり、これは成長する企業の「生きた」部分である。さらに重要なことは、株主資本とはその企業の価値（投資家はその一部保有者である）を表すもので、これは良いものである。毎期末の損益計算書に記載されている支出を上回る収入のうち、配当に回されなかった利益のすべては社内に留保され、株主資本に加算される。株主資本には資産から負債を控除した有形のもののほか、認知されたブランドやのれんなど無形の価値も含まれる。これらのすべては実質的な価値を持ち、株主が所有する資産の一部を形成している。この目に見えない価値もその企業の潜在的な成長の原動力であり、「営業権」とも呼ばれる。

1株当たり純資産

　1株当たり利益と同様に、この企業価値も株主資本を発行済み株式数で割って求める（以下では1株当たり純資産を単に純資産と表す）。この純資産の株主持ち分は、保有株数×1株当たり純資産となる。例えば、その企業の純資産が1億ドル、発行株数が100万株であるとすれば、その企業が資産を処分して負債を返済した残りの資産のうち、100株を保有する株主の持ち分は1万ドルとなる（ここには潜在成長力の価値は含まれない）。しかし、グロース・バリュー投資家にとって純資産はそれほど重要ではない。テクナメンタル投資家が株式を保有する企業が資産を処分するようなことはないからだ。以上の8項目（損益計算書に表記される売上高、費用、利益、1株当たり利益、バランスシートに表記される資産、負債、株主資本、純資産）はすべて相互に関連しており、企業を評価するときに必ず知っておかなければならないものである。さらにもうひとつ、よく目にする重要な項目がPER（株価収益率）である。

PER

　最後にこのPERとは何か、なぜPERが重要なのかを理解しなければならない。PERは簡単に算出できるが、その意味をよく理解するのはそれほど簡単ではない。企業の値段について説明した第2章では「倍率」という表現を使ったが、その企業に投資するときその利益の何倍で買えるかという理由はすでにお分かりであろう。これを最も簡単にたとえると「比率」または「単位価格」といったほうが分かりやすいだろう。1ポンドのコーヒーや1リットルのガソリンの値段と同じように、PERもその企業の価値を値段に換算したものである。そしてコーヒーやガソリンの価格が高いか安いかを経験上から分かるように、

その企業の利益の何倍であればその株式が買えるかも経験的に分かる。

　潜在的な事業主や株主としてその企業を評価するときもこの原則は同じであり、PERとは企業の価値を利益の倍率で表したものである。しかし、個人投資家が買うのは一定の株数であってその企業全体ではない。そこで1株当たりの倍率を使うのである。PERは**株式の市場価格÷1株当たり利益**で表され、今でも広く使われている。長期的に株価はその企業の利益に直結していることはだれでも知っている（短期投資家の多くはこの現実を無視している）。長期のテクナメンタル投資家にとって、PERは企業の株価を評価するとき最も重要な目安となるが、企業の利益をこうしたはっきりした数字で表すことは、雲を岩に縛り付けようとすることに似ている。以下ではこのPERのさまざまな面について見てみよう。

信頼感の指標

　PERはその企業に対する投資家の信頼感を表している。そうした信頼感をもたらすのは何かといえば、それはその企業の利益と価値を生み出す能力である。利益を生み出す企業の能力が大きければ大きいほど（投資家に利益をもたらす可能性も大きくなる）、その企業に対する投資家の信頼感も高まり、株価は高くなっていく。これがPERのひとつの面である。

時間の指標

　既述したように、その企業の利益が伸びれば、投資家はその株式を高値でも買いたいと思うが、それは短期間で投資資金を回収できるからである。その意味でPERとは投資家の投資資金の回収期間を表すものとも言える。例えば、ある企業が1株当たり1ドルの利益を上げ、

その株式が５倍のPERで売買されていれば、投資資金を回収するには５年を要することになる。だれがそんなに長い期間を待つだろうか。その企業が優良堅実であれば保有期間は３年、成長がストップした優良企業のPERは３倍が妥当である。一方、１株当たり１ドルの利益を上げている企業が毎年15％のペースで成長を続けていれば、３年間の累積利益（複利）は３ドルではなく４ドルとなる。４ドルの利益を上げるのに４年間も待つ必要はないので、その企業の株式は４倍のPERで売買されることになる。このように、PERは時間価値の意味も持つ。

	利益	累積利益
初年度	1.15ドル	1.15ドル
２年目	1.32	2.47
３年目	1.52	3.99

　時は金なり。PERとはその株式が投資家にとってどれだけの価値を持つのかを表したものでもある。

価値の指標

　ベロニカ・レイク（1940年代のハリウッド女優）は独特のヘアスタイルをしていた。長い金髪を横分けにして、一方の目を覆うように垂らしたヘアスタイル。その髪型で彼女のことを思い出す人も少なくないだろう。プロのゴルファーも自分だけのクラブを持ち、多くのアスリートにも独自の道具、ウエアまたはプレースタイルがある。こうしたものはその個人に特有の癖や肉体的な特徴である。各企業にもこれと同じような特徴やPERがあり、利益を上げる能力や成長力に応じて、その株式にも適正な市場価格（喜んで買いたい人と売りたい人の出合い価格）が付いている。こうした利益の適正な倍率がその企業を評価

するときの大きな目安となる。

予測ツール

　投資本の多くの著者は株式市場が海に似ていることに言及しており、これはぴったりの比喩であるが、これについて詳しく論じている著者は少ない。株式市場は本当に海に似ており、海に浮かぶコルクは多くの影響を同時に受ける株価のようなものである。これらの力はときにほかの力を増幅したり、または打ち消したりする。最も大きな影響は定期的な潮の干満であり、さらに海底ではさまざまな地殻変動によって引き起こされた大きな波のうねりがある。一方、海上では嵐や大気の変化による大きな波のうねりのほか、海域特有の微風が引き起こすさざ波もある。

　海上に浮かぶコルクは、これらの影響を同時に受けて常にいろいろと変動している。コルクが次の瞬間にどの位置にあるのかを予測することはほとんど不可能である。また嵐や地下の地震がコルクにどのような影響を及ぼすのかを予測するのも難しい。さらに風や微風の影響まで予測しようとすることは神業である。しかし、特定の瞬間ではなく、1日のコルクの動きを大雑把に予測することは可能である。これは潮が月の位置、重力および科学的に予測できるその他の力の影響を受けているからであり、暦を見れば数年先の潮の状況もかなり正確に予測できる。さまざまな影響を受ける株式相場もこの潮の干満にように、短期的には予測できなくても長期的には予測可能である。

　各株式とそのPERに及ぼす最も大きな長期的な影響は、株式相場全体の上昇と下降であろう。それは景気の変動を反映し、景気は金利やインフレ動向、消費者の信頼感や購買力の変動などの影響を受ける。こうした景気の動きは株式相場と個別株式に長期的な影響を及ぼし、またそれに伴う投機的な売買が短期的な株価の変動を増幅させる。株

価に及ぼす短期的なさざ波には政府高官や企業経営陣の発言、インサイダーによる売買、さまざまなうわさなどがあり、ウォール街ではこうしたものが常に渦巻いている。そして多くの人々はこうした材料を手掛かりに相場を張っている。

　企業の一生を通じて大まかなPER（その企業の利益と株価の通常の関係）はほぼ一定である。利益成長が鈍化すればPERはゆっくり下がるが（これはすべての成功企業によく見られる）、利益と株価の関係はほぼ一定しているので、両者の関係はかなり予測可能である。企業の利益が伸び続ければ株価も上昇するが、利益成長が鈍化したり、下降に転じると株価も下落する。もっとも、投資家の思惑によって引き起こされるPERの適正な範囲からの逸脱は予測不能であり、それは海上で吹き荒れる嵐のようなものである。こうした動きは主にアナリストの予想の変化を映している。アナリストは爆発的な利益成長を続ける新興企業について、今後も毎年50％の利益成長が続くと予測することも珍しくない。その企業がこうしたアナリストの予想を満たすかぎり、投資家の信頼感もうなぎ上りとなり、株価とPERも上昇を続ける。利益成長のペースが速いほどPERも急上昇する。しかし、これは妥当なPERを変化させるものではなく、一時的に投資家の信頼感が通常の範囲を超えてしまった結果であり、いずれ修正を余儀なくされる。

　実際、アナリストのコンセンサス予想利益が45％とされたとき、38％に下方修正されたサプライズなどが会社側から発表されるものである。これを受けてアナリストがその企業の予想利益を下方修正すると、ファンドマネジャーなどから売り物が出始め、これに提灯筋が追随する。まもなく証券マンからここで保有株を手仕舞って利益を確定しましょうなどといった電話が入る。買いで手数料を稼いだ証券マンは、保有株を売らせてまたも手数料を稼ぎたいのである。株価とPERが急落してしばらくすると、一部のアナリストは38％の予想利益成長率は依然として高水準であるとしてまたも買いを推奨する。ほどなくして

株価が反転し、その企業の株式が注目され始めると、再び証券マンから電話が入る。もちろん、賢明なテクナメンタル投資家は最初の時点で保有株を売るようなことはしないだろう。高い利益成長を続けているかぎり、そうした企業の株式を売るほど愚かではない。むしろ買い増しのチャンスを狙っている。あまり賢明ではないその証券マンの別の顧客は（税金を支払って）利益を確定したが、再びその株式を買いたいと思っている。しかし、証券マンが電話を掛けてくるまでにその株価は妥当な買値をはるかに超えている。

その企業の利益とかけ離れた株価とPERの動きは一時的なものであり、（利益の数字ではなく）うわさなどによって動いた株価はやがて修正される。上がり過ぎた株価はやがて反落し、下がり過ぎた株価はまもなく反発する。しかし、売上高、税引前利益、純利益の変化、または業績の悪化が経営陣の改善能力を超えるほど大きな長期的な問題となったときだけ保有株の扱いを考えるべきである。株式市場では潮の流れに身を任せるのではなく、潮の変化に乗ることで利益を上げることを忘れてはならない。株価水準、売上高、資産、費用、負債、利益、株主資本、1株当たり利益、純資産、PER——企業を評価するとき、これら10項目は必ず理解しなければならないものである。次に必ずしも知る必要のない参考事項について述べよう。

「その他の20％」

全米投資家協会（NAIC）の会員は、NAICの文書ワークシートである「株式選択ガイド（SSG＝Stock Selection Guide）」から、上場企業に関して必要なデータの80％を知ることができる。私を含む一部の会員はSSGはもちろんのこと、「テクナメンタル株式分析ワークシート（TSSW＝Technamental Stock Study Worksheet）」（これについてはあとの章で説明する）も十分に活用している。つまり、知る必

要のない残り20%の知識も知っておいて損はないということである。経験を積み、基本以上のことが分かるようになるとますます自信がつく。好奇心の旺盛な会員であれば、企業、産業、ビジネスおよび経済全般について詳しく知りたいと思うだろう。しかし、そうしたものは成功する株式投資では必ずしも知る必要のないものである。必須知識の80〜90％を駆使して堅実に投資していれば、平均的なプロと同等か、それ以上の成績を上げることができる。

　もちろん、多くのことを知りたいと思うことはけっして悪いことではない。しかし、成功する株式投資に必要な基本知識と、それ以上のレベルになるための知識には大きな隔たりがある。その格差を埋めようと必死になって詰め込んだ知識は実はあまり役に立たないし、「生兵法は大ケガのもと」という言葉もある。生兵法で間違った投資決定をしないように注意しなければならない。

　重要な参考知識のひとつは、企業の健全性に関するものである。これは投資銘柄や投資する優良企業に関する問題点で、「財務上の健全性」と「経営上の健全性」の２つに大別される。財務上の健全性とは負債、レバレッジ（他人資本、借入金）および株主資本など、経営上の健全性とは生産・在庫管理、資金回収などに関するものである。以下ではこれらについて説明しよう。

財務上の健全性

　これには流動性、レバレッジ（借入余力）と債務返済能力の３つの項目がある。企業に対する最初の株主の出資金は、収益を上げるための資産購入に充てられる。経営が軌道に乗り、費用を上回る収益が得られるようになると利益を再投資し、それがさらなる収益を生むという成長サイクルが定着する。企業の目標はこのサイクルをできるだけ長く持続することである。

流動性とは必要なときに使える手元流動性の金額である。十分な手元現金があれば、期日どおりに支払ったり、または緊急事態が起こってもそれにうまく対処することができる。十分な流動性がなければ利益を事業に再投資することもできない。

レバレッジとは利益を上げるために他人資本を利用することである。経営陣には企業の資産をフルに活用して最大の利益を上げる責任がある。成長企業は株式発行や増資によって成長を加速させることもできるが、株主（企業のオーナー）は新規株主の増加による利益の希薄化ではなく、既存株主の1株利益の増大を望んでいる。借り入れは企業資産を増やすもうひとつの手段であり、借入金による設備購入で収益増・コスト減を実現すれば、新株発行による利益の希薄化はない。そこで経営陣は借り入れによる既存株主の価値増大に努める。借入金によって投資収益を増やす能力がレバレッジである。

債務返済能力とは企業の債務処理能力である。企業が費用を上回る利益を上げ、期日どおりに債務を返済するために十分な流動性を確保し、また厳しい環境下で収益が落ち込んでも十分な支払い準備金を積んでおくことは経営陣の責任である（付録Aでは財務上の健全性に関してよく使用される指標や測定法などについて説明する）。

なぜ一般投資家は財務上の健全性についてそれほど詳しく知る必要がないのか？

答え1 資金の**貸し手**は最初の防衛ラインであり、融資の是非を詳しく分析し、かなり保守的な決定を下す。融資による事業の成功などについて完全に予測できなくても、その企業の元利返済能力を詳しく調査し、株主やアナリスト以上に詳細な企業データを入手している。

答え2 次の防衛ラインは**経営陣**で、レバレッジと財務上の健全性の比較分析、自立した企業の維持、日々の財務状態の監視などに努力しており、企業経営の当事者として詳細な情報を持っている。

答え3　したがって一般投資家ができることは、ファンダメンタルズが悪化した企業の保有株を売却することだけである。

経営上の健全性

　これは、①経営陣がきちんと会社を経営していない、②予測不能の事態が発生したが、経営陣がそれにうまく対処できない——など、企業の経営問題に関するものである。その結果が明るみになり、株価の下落で実際に損失を被るまで、一般投資家は投資企業に起こるさまざまな問題を事前に予測することはできない。さらに投資企業の経営が悪化し始めたとき、一般投資家がその黄信号を察知できるような指標があるだろうか。最も一般的な指標は損益計算書に記された数字、損益計算書とバランスシートを比較分析して読み取れる内容の2つである。それらは1期だけではなく、複数の決算期を比較してトレンドの変化や異常性を発見すべきである。前者は費用・収入のすべての項目を純売上高または収益の項目と比較するもので、例えば各商品ラインの売上高内訳の数字を見る、売上高に対する原材料や労務・輸送費などを比較分析する——などである。それが妥当な範囲にとどまっていれば問題はないが、それらの比率が大きく変化したときはその原因を究明して適切に対処すべきである。

　損益計算書のなかで最も重要な指標は売上利益率である（第9章では企業の経営効率と企業の評価法について詳述する）。バランスシートに関する指標には売上回転率や利益率のほか、資産と売上高を比較した資産回転率、資産に対する利益比率を表す資産利益率などがある（これについては付録Aを参照のこと）。

なぜ一般投資家は経営上の健全性についてもそれほど詳しく知る必要がないのか？

答え1 さまざまな経営ツールに熟知している経営者は適切な経営判断を下し、また一般投資家よりも迅速に多くの企業データを入手し、それを経営に生かしている。

答え2 プロのアナリストもその企業に何か疑わしいことがあるとすぐに公表する。企業内容の完全な開示に関する法令が施行されたことから、一般投資家もかなり詳しい情報を入手できるようになったが、常に企業活動に目を光らせていることは不可能である。また経営陣よりも早くそうした情報を入手することはできず、問題点を素早く察知してもそれほど大きなメリットもない。投資家ができることは防衛的な対策であり、大衆がそうした情報を知る前に保有株を売却することである（これについては第12章で説明する）。

こうした企業の問題点についてあれこれ心配する必要がない最後の理由は、既述した「5銘柄のルール」（購入した5銘柄のうち、1銘柄は失望すべき結果に終わる）がある。経営幹部の突然の死亡、粉飾決算の発覚、予想外の競争の激化、製品の陳腐化──などは予測できないもので、一般投資家は何の事前策も講じることはできない。膨大な時間をかけてこうした事態を予測しようとしてもそれは無益であり、エンロンやワールドコムの事件についてプロでさえも予測できなかった。5銘柄のルールを知っていれば、そのようなことに多くの時間をかけることもなくなり、心理的にも楽になるだろう。

知らなければならない用語

本当に知らなければならないのは次の10用語だけであり、これらは投資銘柄を見つけるときに必要なものである。

1．**株券**──企業の一部所有権を表すもの。

次の8項目は企業の業績と財務状態に関するものである。

業績（損益計算書）　　　　　**財務状態（バランスシート）**
2．**売上高**（良いもの）　　　　3．**資産**（良いもの）
　マイナス　　　　　　　　　　　　マイナス
4．**費用**（悪いもの）　　　　　5．**負債**（悪いもの）
　イコール　　　　　　　　　　　　イコール
6．**利益**（良いもの）　　　　　7．**株主資本**（良いもの）
8．**EPS**（1株当たり利益）　　8．**PBR**（1株当たり純資産）
　株主の持ち分　　　　　　　　　　株主の持ち分
10．**PER**（利益と株価の関係）

　以上のデータからその企業は投資に値する企業なのか、現在の株価は適正な水準にあるのかなどを知ることができる（こうしたデータの入手先とその方法についてはあとで述べる）。最後に経営陣の会社経営ツールなどを知ろうとすることは興味あることかもしれないが、それによって経営陣の機先を制しようなどとは考えないほうがよい。自分の利益のために投資家を守ってくれる人（企業の経営陣）がいるからだ。必要な時間は全体の80％であり、残りの時間をあとで述べる単純な作業に使えば損失を最小限に抑えることができる。次章ではテクナメンタル投資のベースである企業の成長について検討する。

第5章
企業の成長とは何か
Understanding Growth

　成長とはそれが何であれ、一定期間中に増大していくことである。企業について言えば、経営陣の成績である業績（四半期または年間ベースの売上高や利益の増加）であろう。これはその企業と成長能力に対する投資家の信頼感のベースとなっている。株式投資の利益は収益の持続的成長を生み出す企業の能力と直結しているからである。

売上高の伸び

　保有株の価値を2倍にするのは利益の成長であるが、それは売上高の伸びなくしてはあり得ない。費用控除後の売上高が利益となるからだ。そして投資利益を増大させるのは、最終利益を発行済み株式数で割った1株当たり利益である。売り上げの増加がなければ、長期的に保有株の価値を増大させる利益の成長はない。売上高を増加させる方法はそれほど多くはなく、それぞれの商品によって売り上げ伸び率は異なる。このことを分かりやすく説明するため、再びルーシーのレモネードスタンドに話を戻そう。
　ルーシーが売り上げを伸ばすには、毎週レモネードの販売を増やさなければならない。そのためには、固定客向けの販売を増やす、顧客

数を増やす、クッキーやその他の商品を加える、これらの拡販政策を組み合わせる——などのほか、レモネードを値上げするという方法もある。顧客を増やすには、隣近所の郵便受けにチラシを入れたり、隣のブロックに新しい店をオープンして友だちのシャリーンに手伝ってもらうという選択肢がある。こうした拡販政策が2ブロック先でやはりレモネードを売っているピーターの店と競合したら、野球がしたくてうずうずしているピーターに利益の一定割合を差し出すことを条件に彼の店を引き継いでもよい。一方、すでにレモネード店舗、立地、そして一定の顧客層を確保しているルーシーにとって、新しい商品を加えるのも一法である。彼女のレモネードのファンである既存客はクッキーも買ってくれるかもしれないし、ライムエードやラズベリー飲料などを加えてもよい。このほか値上げという方法もあるが、それは競合店がなく、顧客がそれを受け入れたときだけという条件が付く。

大手企業が成長するのもこれとほとんど同じであり、その方法やプロセスが少し複雑なだけである。最も健全な収益の成長は「有機的な成長（内部成長）」と呼ばれるもので、これはマーケティングや研究開発の成果によってもたらされるものである。マーケティングが成功すれば新規の顧客を確保したり、類似商品を販売している競合他社から顧客や市場シェアを奪うことができる。このほかマーケティングには（海外の）新しいマーケットを開拓したり、人口統計的な顧客層（従来の顧客層よりも年上または若いユーザー）を確保する狙いもある。研究開発によって新しい商品やサービスを市場に投入することもできるが、できればそれらは従来の商品と関連しているものがよい。ピーター・リンチは互いに関連のない商品による成長を「deworsification」と呼んだが、味覚の嗜好品である清涼飲料水で成功してきたルーシーがペットフードなどを売ることはあまり賢明ではない。

一方、他社買収なども有効な成長戦略であろうが、あまり健全な方

法ではない。強い企業が同じ業種や類似業種の弱小企業を買収する戦略は、競合各社の排除、被買収企業の売り上げ加算による売上高の水増し、スケールメリットやシナジー効果による利益の増大——につながるかもしれない。しかし、有機的な成長よりもリスクの大きいこうした成長戦略は、買収企業が被買収企業の事業と資産を引き継ぐというメリットの一方で、成長の足を引っ張るさまざまな問題も抱えるデメリットも伴う。例えば、被買収企業の従業員との労使問題などは企業文化の向上、新しい経営陣との労使関係の改善努力などによって解決できるだろうが、工場や設備の老朽化、ブランドの毀損、その他の根深い構造的な問題などは解決が極めて困難である。

　このほか、売上高を増大する方法には販売価格の引き上げもあるが、これは極めてリスクが大きく、特定の状況以外にはかなり難しい。競争が激しい現在では製品の値上げという可能性はほとんど考えられず、たとえ競争のない製品でも、値上げすれば販売減は避けられないだろう。しかし、利益を犠牲にすることなく製品を値上げして収益を増やせるケースもある。例えば、新しい医薬品が特許で守られている製薬会社などは、競争のない独占的な商品を値上げしても売り上げが減少することはないだろう。投資企業を分析するとき、その成長が何によってもたらされているのかをリサーチすべきである。有機的または他社買収による成長か、新製品の投入または新しい市場の新規開拓による成長か、その国際事業戦略は積極的に展開され、今後も拡大する可能性があるのか、競合他社に対する製品バリアは堅牢か——など。もっとも、こうしたリサーチでも明確な答えが出なくても、それほど心配する必要はない。本書を読み進むうちに、そうした詳しいリサーチをしなくても投資企業を見つけられるようになるだろう。その企業の製品や市場について知る必要はあるが、その知識は消費者並みのレベルでよい。常識的な知識でも十分に投資企業を見つけることができる。

利益の成長

　利益の成長は何によってもたらされるのか。再びルーシーのレモネードスタンドに話を戻そう。ルーシーはピーターの店を引き継ぎ、シャリーンは遊び場の近くでもうひとつの店を開いている。ルーシーは主に店の利益でこうした成長路線を推進してきたが、ハリーおじさんに利益の一定割合を差し出す代わりに30ドルを出資してくれるように頼んだ。ルーシーの父はハリーおじさんに、「ルーシーの店の売り上げは今では1週間で約50ドルに達しており、これからも急成長すると思うよ」と言ってくれた。確かに利益は売上高と一緒に伸びるはずであり（利益の源泉は売り上げである）、レモン・砂糖代のほかに、ルーシーはシャリーンとピーターの店を切り盛りするダグラス少年に時給50セントを支払っている。

　ところで、利益の源泉と成長の原動力である売上高のトレンドとは異なり、なぜ1株利益の成長率には年によってばらつきが出るのだろうか。これについては第13章で詳述するが、ここではその概要だけを述べる。1株利益の増減を決定するのは主に費用と発行済み株式数であるが、まず費用について見てみよう。ルーシーの店のレモン代は仕入れ店からの価格が（カリフォルニア州の悪天候などで）高くなると増加し、仕入れ店のおじさんが特別にまけてくれると減少する。労務費はどうかといえば、シャリーンは別の店の人が今の3倍の時給を出すからうちに来ないかと言われて75セントへの賃上げを要求したが、ルーシーは50セントで我慢してくれと説得した。ルーシーのレモネードスタンドの利益は増えてきたので、彼女の父はその収入を納税申告書に記載しなければならないと思い始めた。そこでルーシーは納税分を確保するために毎週利益を計算し、父に渡す一定額を節約し始めた。

　ハリーおじさんの持ち分はちょうど普通株のようなものである。ルーシーの店に出資はしたが、そのお金を返してもらおうとは思ってい

ない。しかし、彼にはその利益の1/3を受け取る権利がある。もしもハリーおじさんが１年後に返済してもらうという条件で30ドルを出資したらそれは貸付金となり、ルーシーの費用にはその利子も含まれる。おじさんの出資金は株式よりも債券に近いものである。ルーシーにとって不利な点は、雨の日が多く営業日が少なくなってもおじさんに利払い義務があること、有利な点はそれ以外の利益はすべて自分の儲けになることである。ハリーおじさんのこの貸付金は（当初の株主である）ルーシーと彼女の父に帰属する。このように他人のお金で利益を上げることをレバレッジと呼ぶ。

　ルーシーはハリーおじさんにさらに30ドルを出資してくれるように頼んだとする。彼はルーシーにまたも返済の義務は要求しなかったが、２つの条件を付けた。そのひとつは、レモネードスタンドを営業しているかぎり、毎月一定額の配当金を支払うというものである。もしも店仕舞いするような事態になったら、おじさんは彼女の父よりも素早く出資金を回収する措置を講じるかもしれない。しかし、店の利益が増えてもおじさんに支払う配当金が増額されることはない。これは優先株のようなものである。こうした優先配当金は株主に対する分配金であるが、支払利息と同様に費用とみなされ、ルーシーや彼女の父（またはその他の普通株主）に優先して支払われる。

　これによってルーシーは父だけでなく、ハリーおじさんとも利益を分け合うことになった。ルーシーと彼女の父はハリーおじさんが出資する前は１ドルの利益につき50セント受け取っていたが、今では33セントほどになってしまった。しかし、以前よりも多くの利益を上げられるようになったのはハリーおじさんが出資してくれたからであり、おじさんと利益を分け合ってもルーシーにとってはハッピーである。

　売上高に比べて、１株利益の伸びを増減することはそれほど難しくはない。常識があればそのからくりを理解するのは簡単であり、以下では大手企業を例にとって説明しよう。既述したように、利益の伸び

は売り上げの伸びと相関関係にあるが、長期的に見ると、売り上げ以上に利益が伸び続けることはない。1株利益の成長は売り上げの伸び、費用と発行済み株式数の3つによって決まる（税金も費用に含まれるが、それは利益水準によって増減する。企業の成長を分析するときは、売上高から費用を差し引いた税引前利益を重視すべきである）。

費用

ルーシーのレモネードスタンドと同様に、大手企業の変動・固定費もさまざまな理由によって増減する。原材料費や労務費などの上昇は、すべて製品・サービスのコストとなる。このほか、賃借料、社債の利払い、保険料、経営陣の給与、設備リース料、老朽化・摩耗した設備の更新費などは固定費である。ハリーおじさんの出資金に対するルーシーの利益分配金も、営業成績の好悪に関係なく支払う固定費である。これらの費用すべてが最終利益に影響を及ぼす。これらの費用を控除した利益の売上高に対する比率が売上利益率である。1株利益とは企業が再投資（株主資本への組み入れ）、または株主向け配当に回せる売上高1ドルに対する金額とも言える。

発行済み株式数

（企業の利益に対する株主の持ち分である）1株当たり利益は株式投資価値を大きく左右するので、売上利益率に加えて発行株数で割った利益の増減にも注目する必要がある。ハリーおじさんが関与するまで、ルーシーの利益の分配者は父だけだった。今ではハリーおじさんが新株主として加わったことで、利益の分配者は3人になった。このように発行株数が増え、各株主の利益分配額が減少することを利益の希薄化と呼ぶ。企業が新株を発行すれば、新株主の払込金額が株主資

本に組み入れられるので、株主資本に対する既存株主の持ち分は増加する。しかし、発行株数が増えれば、１株当たり資本価値も希薄化するので、１株当たり純資産はほとんど変わらない。期末に公表される損益計算書を見ると、新株発行後に１株利益が低下しているのが分かるだろう。

　もうひとつの問題は転換社債である。これは債券として発行される債務証券であるが、保有者の任意によって普通株に転換できるので潜在的な希薄化要因である。保有者が転換権を行使すると企業の利払い義務はなくなるが、新株を発行したのと同じ結果になる。つまり、転換件数が多くなると、それだけ株数が増えて利益の希薄化がますます進む。一方、もうひとつの利益の希薄化要因は、新興のハイテク企業などが報酬として従業員に付与するストックオプションである。優秀な人材を確保しようと多くの成長企業があとで現金化できるストップオプションを付与したが、最近ではこれを企業の費用とみなす会計慣行が一般的になってきた。このほか、特に2000年初めに企業倒産が増加したことから、多くのストップオプションが紙くずとなり、それまでのストックオプション・ブームは一挙に冷え込んでしまった。

　公表利益には基本的利益と希薄化後利益の２つがある。（アナリストと同様に）あなたが注目するのは希薄化後利益であろうが、それは発行株数で割った実質的な利益持ち分である。企業の業績を評価する最も堅実な方法がこの希薄化後利益を調べることである。一方、売上高や売上利益率が増加しなくても（たとえ減少しても）、利益率を上昇することは可能である。その方法は自社株買いであり、その企業が自社の株式を買い入れて発行株数が減少すれば、利益の希薄化と逆のことが起こる。

　それ以外の理由で売上高と利益の伸びが一致しないこともよくあるが、これについてはあとで説明する。ここではそうしたことはけっして長続きしないとだけ言っておこう。売上高と利益の伸び率は最終的

には均衡すべきものであり、そうでない企業は継続することができない。売り上げよりも利益の伸びが大きいのは、コスト削減や自社株買いによるものであろうが、そうした方策が長続きすることはない。その反対に売り上げよりも利益の伸びが小さいとき、経営陣が費用の増大を食い止めないとその企業はいずれ倒産に追い込まれる。1株利益が低下しているとき、その企業が発行株数を減らしてもそれには限界がある。

企業の成長について知るべきこと

●株式の価値は1株当たり利益によって決まる。
●投資価値は、その企業の利益伸び率が株価上昇率よりも大きいときに増大する。
●利益と売り上げの伸びはほぼ一致するが、短期的には一致しないこともある。
●1株当たり利益は費用と発行済み株式数によって決まる。
●投資に値する企業とは、投資資金を5年間で2倍にするほど利益成長を続ける企業である。

　以上、企業の成長について理解できたと思うので、次章ではそうした成長企業の見つけ方について検討する。

第6章
投資銘柄を見つける
Prospecting for Good Candidates

大切な原則

　全米投資家協会（NAIC）は会員に対して、NAICのスローガンともいえる4つの投資原則を教えている。それらは素晴らしいアドバイスなので以下に記しておく。

　1．定期的に一定額を投資する　株式投資で成功するには原則が必要である。こうした原則は定期的に少額を積み立て、数年間でまとまった投資資金を作ろうという若者にとっては特に重要である。または投資クラブが会員から一定額の資金を集めてプールし、それを株式に投資してもよい。一定額の定期的な投資をドル・コスト平均法と呼ぶが、この投資法では株価が安いときは多くの株数を買えるが、高いときは少ない株しか買えない。しかし、長期的には1株当たりの買値を引き下げることができる。

　2．すべての利益を再投資する　これは投資収益を最大限に高めるための重要な原則であり、利益を大きく増やす複利運用法である。そうしないと5年間で投資資金を2倍にするという目標は達成できない。すべての利益を再投資する代わりにそれを引き出していたら、5年間

で資金を2倍にするには年率20%のリターンを上げなければならない。年15%のリターンで投資資金を倍増するには、すべての利益を再投資する必要がある。年20%のリターンはかなり難しいが、15%のリターンであれば手が届くだろう。

3．**優良な成長企業だけに投資する**　これまで何回も強調しているように、株価を押し上げるのはその企業の成長である。5年で資金を2倍にできるような企業に投資すべきである。

4．**分散投資する**　すべての卵をひとつの籠に盛るのは賢明ではない。ひとつの企業や産業または特定の規模の企業だけに資金を集中投資することは、必要以上に大きなリスクを抱えることになる。この原則はいくら強調しても強調しすぎることはない（これについては第13章で詳述する）。

　これら4つの重要な投資原則のうち、1と2と4はかなりメカニカルで単純なものである。最も大切なのは三番目の原則で、本書のページの大半がこの原則について述べている。さらにもうひとつの原則を付け加えるならば、それは「本当に真実らしく見えてもそうでないことは、結果的にやはり真実ではない」というものである。残念ながら多くの投資家は自らの経験でこのことを実感しているだろう。例えば、投資企業の分析・評価法を学ぶと、どうしても割安株のほうに目が向く。ところが実際にはそうした株式は割安ではない。大儲けしたいという欲望を少し抑えて、なぜその株価がそんなに安いのかについて疑いの念を持って調べるべきだ。

　期待感と欲望はほどほどに抑えたほうがよい。ほかの投資家も喜んで購入するような勝ち組銘柄を見つけて利益を上げるべきである。ときに多くの投資家が過小評価しているような銘柄で儲けることもあるかもしれないが、通常では適正価格で株式を購入すべきであり、多くの勝ち組銘柄もそうしたなかに存在する。優良企業に投資して年15%

のリターンを上げ続ければ、5年で資金を2倍にするという目標を達成できる。それ以上のリターンを目指せば、あなたが利益を上げればほかの投資家が泣くという状況（乳飲み子から株を買い、乳飲み子に株を売る）になり、最終的には自分の成功の可能性も狭めることになる。アメリカには1万社以上の上場企業があるが、われわれの投資基準を満たすものはそのうちの2％以下、そして適正価格で買える銘柄はそのわずか5％であろう（実際にはそれよりも少ないかもしれない）。

投資信託はどうか

既述した4つの重要な投資原則をクリアするものとして投資信託はどうだろうか。定期的に一定額を投資するという最初の原則（ドル・コスト平均法）について、投資信託であれば毎月一定額を投資できる。

すべての利益を再投資するという二番目の原則についても、投資信託であれば配当金もすべて投資に回せる。優良な成長企業だけに投資するという三番目の原則も、そうした投資方針を掲げる投資信託の過去の実績を調べればクリアできそうだ。分散投資するという最後の原則についても、投資信託であれば1000株または1万株でも保有することができるし、プロの運用者が毎日株価の動向をチェックしている。4つの原則を満たすには投資信託が完璧ではないだろうか。

しかし、あまり結論を急がないでほしい。確かに投信であれば、これまで述べてきた重要な原則（成長企業だけに投資する）を満たすことができるし、タンスにお金をしまっておくよりははるかにましである。正しいミューチュアルファンドに投資すれば、CD（譲渡性預金）、MMA（マネー・マーケット・アカウント）や債券よりも高い利回りが得られる。私はこれまで、テクナメンタル投資家の目標はリスクと自己責任を最小限に抑えながら、企業の部分所有によって最大限のリターンを上げることであると強調してきた。そしてこれから自分で企

業の株式を購入し、投資収益を増やしていく方法を説明していくつもりである。こうした目標に照らせば、投信は最小のコストで最大のリターンを得るという目的にはかなっていない。好成績の投信への投資も、単純で効果的なテクナメンタル投資法のスキルと自信を身につけるまでの一時的な方策とすべきである。テクナメンタル投資法では最初に自分で投資資金を作らなければならず、投信に投資すればリスクと自己責任は軽減できるかもしれないが、支払うものはかなり大きいと思う。

まず最初に優良企業だけに投資し、ベストの成績を上げている優秀な投信を見つけられるのかといえば、それは考えているほど簡単ではない。関係当局が投信各社に対して厳しい報告義務などを課しているため、立派な実績を持ち、優秀なプロ運用者を持つ投信を見つけることもできるだろう。しかし、投信各社の宣伝文句が本当に正しいのかについては何の保証もない。各社の目論見書を詳細に読み比べてみても、本当に優れた投信を見つけるのは難しい。モーニングスター（http://www.morningstar.com/）などにアクセスすれば、投信各社の実績データを得られるかもしれないが、投資の初心者であればそれらの数字の信頼性については分からないだろう。また投信各社の過去の成績を比較したところで、それが将来のパフォーマンスを保証することにはならない。投信各社が組み入れているポートフォリオの銘柄を分析することはできないので（たとえできるにしても、そんなことに時間を費やすよりは自分の仕事を一生懸命したほうがよい）、将来の成績を予想することはできない。

さらに重要なことは、現在ポートフォリオに組み入れられている同じ銘柄が来週もあるのかどうかが分からないことである。投信の将来の実績を予測することは、騎手の実績を見て競馬の勝率を予想するようなものである。投信のパフォーマンスはファンドを運用する「騎手」の腕によって決まる。騎手は馬を、ファンドマネジャーは運用資

金を操る。さらに現在と同じマネジャーが将来も資金運用に当たり、これまでの好成績を維持できるという保証もない。投信では馬ではなく、騎手に資金を賭けている。

　一方、投信ではフロント・エンド・ロードと呼ばれる先取り手数料や、株式の売却時に支払うもっと高いバック・エンド・ロードという手数料も取られる。手数料のない投信もあるようだが、だまされてはならない。ファンドの運用、株式の売買、顧客の募集、多くの事務処理などを行う投信が無料で他人の資金を運用するなどということはあり得ない。そうしたさまざまなコストを賄ったうえで投資家のために利益を出すのは、一般の事業会社と同じである。契約書のどこかに利益の一定割合の運用手数料が記載されているはずだ。

　ポートフォリオに組み入れる15〜20社の優良企業がすべて利益をもたらしてくれるわけではなく、リスク軽減のためにさらに多くの企業を組み入れると、平均以下の企業も対象とせざるを得なくなる。組み入れ企業数が一定限度以上になると、ポートフォリオのパフォーマンスは低下する。最も成功した投資家のひとりであるウォーレン・バフェットは、ポートフォリオにわずか１ダースほどの優良企業しか入れなかったと言われる（投資企業は最高でも30社以下）。さらにファンドマネジャーは他人の資金を運用しているので、自分のお金のように自由に扱うわけにはいかない。自分で運用すれば、ファンドマネジャーができないようなことも自由にできる。個人投資家は自分の取引が株価にどのような影響を及ぼすのかといったことなどを心配せずに自由に好きな株式を売買できるが、多額の資金を運用するファンドマネジャーは、保有株を売却すればマーケットにどのような影響が出るのかと心配する。

　そのなかで最も大きな問題は、ほかのファンドよりも回転率が低いファンドマネジャーでも、個人投資家のように長期間にわたって保有株をホールドできないことである。ポートフォリオをよく見せるため

に、3カ月に一度は保有銘柄を入れ替えなければならない。そのたびに税金が発生し、投資家は期末になってそれに気づく。以上のような状況を考慮すると、投信に資金を預けるのは一時的な期間に限定し、通常では自分で投資銘柄を見つけるべきである。自分でポートフォリオを組成できるようになれば、すべての資金を自由に運用することができる。

投資信託の話を終える前に、投信のメリットを生かすような新しい証券・金融サービスの手法について触れておこう。これは「フォリオ投資（Folio Investing）」と呼ばれるもので、2002年に刊行されたジーン・ウォールデン著『ザ・フォリオ・フィノミナン（The Folio Phenomenon）』のなかで紹介されている。「ウィンドウ・トレーディング（Window Trading）」と呼ばれるこの手法は、顧客からのすべての注文をひとつの注文にまとめて、例えば1日に2回、少ないときは1週間に1回といった頻度で執行するものである。こうすれば手数料が大幅に安くなるうえ、端株でも売買できるという大きなメリットがある。これによって顧客は50ドル分でも1万ドル分でも株式を買えるなど、少ない資金で好きな株式に投資できる。こうしたサービスは定期的に一定額を投資するという目的にはうってつけである。

長期投資家にとってこのウィンドウ・トレーディングはパフォーマンスを大きく左右することもないし、売買手数料を大幅に節約できる。こうしたサービスのパイオニアはFOLIOfn（http://www.foliofn.com/）という証券・金融サービス会社で、（本書を執筆している時点で）注文執行は1日に2回、手数料は各取引当たりわずか4ドルである（199ドルで1年間無制限に取引できる固定料金制もある）。このサービスはテクナメンタル投資のニーズに合致しており、少ない資金で安く株式投資を始められる。もっとも、こうした便利なサービスがあるとはいっても、最初にすべきことは麦ともみ殻を見分けること、すなわち有望株と除外すべき株式を区別するこ

とである。

投資銘柄を見つける

政治家の立候補者は厳しい選挙を勝ち抜かないと当選できないように、ポートフォリオに組み入れる銘柄も厳しい投資基準をクリアしないと保有株とはならない。以下では投資銘柄の選定基準について説明しよう（実際に購入するかどうかは分からないが）。

除外する株式

投資銘柄について説明する前に、除外すべき株式（企業）について述べよう。

新興企業　監査済みの利益実績のない上場歴の浅い企業（主要証券取引所で5年以上取引されないような企業）は検討の対象外である。もちろん、IPO（新規株式公開）銘柄やその他の投機的な銘柄も避ける。この種の株式への投資を勧められたら新聞の証券欄を見て、ニューヨーク証券取引所、アメリカン証券取引所またはナスダックのどれかに上場されていなければ、そうした勧誘に乗ってはならない。

一定規模以下の企業　上場歴が長くても売上高が5000万ドル以下の企業、例外的なケースもあるが、できれば売上高が1億ドル以下の企業も避けたほうがよい。手に入れたわずかな獲物は自然に帰してやり、大きく成長するのを待つべきである。チャンスは必ずやって来る。そうした企業を注目株のリストに載せておけば、投資基準を満たすまでに成長したとき、ほかの投資家よりも早く仕込むことができるだろう。

利益が出ていない企業　利益が出ていない企業も対象外である。その企業のうたい文句がどれほど素晴らしくても、しっかりとした利益の実績がなければ、遅かれ早かれ事業を継続することはできなくなる。

その好例はドットコム・バブルが膨れて弾けた1990年代とそれ以降のバブル崩壊であろう。そうした状況から得られる教訓は貴重である。

　1990年代の株式相場は特殊なケースで、それまでだれも経験しなかった異常な状況だった。そのドットコム・バブルはわれわれがそれまで経験してきたものをすべて覆した。チャールズ・マッケイは1841年に『**狂気とバブル**』（パンローリング刊）という名著を書いたが、彼が20世紀に生きていたら、1935年の状況と1990年代のドットコム・バブルをどのように描いたであろうか。

　ウエブスター辞典では「バブル」を「最初はもっともらしく見えるが、まもなく偽物または無価値であることが明らかとなる考えやプランなど」と定義している。一般に経済的なバブルが発生するのは、多くの買い手がその価値を合理的に評価することができなくなり、他人が喜んで支払う値段だけを根拠に価値判断するからである。激しい競争と供給過剰の現状では、小売会社や大手ディスカウントショップは消費者の意向を無視するような値上げはできないが、例外的なケースもある。それは販売数量が限定された流行品（ポケモンカード、大ブームとなったぬいぐるみシリーズのビーニー・ベビー、電子ペットのトモガッチ・ペットなど）であり、供給が需要に追い付くまで値段はどんどん上昇する。しかし、こうしたブームはいわば大衆の狂気が引き起こした特殊な状況である。

　最も有名なバブルは1630年代半ばにオランダで起きたチューリップバブルであろう。利益のない企業の株式が乱舞した1990年代のように、チューリップの球根の値段は最高10万ドルで売買された。話の続きとして、ある船乗りが玉ねぎと間違ってチューリップの球根を食べてしまった。彼の1年分の給与と同じ金額のチューリップ球根を食べたこの船員はもちろん何カ月も監獄入りとなったが、チューリップの球根がそれほど美味とは思われない。

　最近の不思議な株式バブルの話としては、ソロモン・スミス・バー

ニーのエマージング市場成長株ストラテジストであるキース・マリンズ氏が、1999年11月19日の株式レポートで明らかにした事実であろう。それによれば、1999年初めに小型株指数であるラッセル2000のすべての株式を購入したら、この年のリターンは6.6％だった。ところが赤字企業だけに投資したとすれば、そのリターンは何と49.7％にもなったという。さらにバカげたことは、ラッセル中型株指数のリターンはわずか8％にすぎなかったが、その赤字企業の株式を買うと107％ものリターンを得ることができたという。

　こうしたバブルを引き起こす原因は、金余りの経済、IT企業がもたらす経済成長に対する過剰な信頼感などさまざまであろうが、その主因はインターネットの影響について無知な大衆の過度の期待感であろう。また、ストップオプションを行使して一瞬にして巨万の富を手に入れたIT分野の若いベンチャー起業家たちも、さらなる富を求めてバブルを急膨張させていった。これら新世代の起業家たちの合言葉は、「利益のことは気にするな。マインドシェア（消費者の心［マインド］に占める企業ブランドや商品ブランドの占有率［シェア］のこと）を高めるだけでよい」というものだった。数十億ドルの資金を持つ新しいベンチャーキャピタルはドットコム企業を上場させれば、投資家たちがその株式に飛び乗ってくれると期待し、こうした宣伝を通じて将来の利益を買おうとする大衆投資家を煽っていた。しかし、まもなくこうしたITバブルも弾け、新興のドットコム企業をIPO銘柄として上場した若い未熟な起業家たちは、高い報酬、豪華なオフィス、その他の立派な調度品などの費用を賄うためには、だれかが利益を出さなければならないという単純な事実を痛感することになった。

　こうしたドットコム企業の崩壊で痛手を受けたもうひとりの犠牲者は、目新しいサービスを標榜したそれらの企業に多額の資金を提供したインテルやシスコなどのハイテク企業だった。すぐに陳腐化する製品の在庫は市場にあふれ（ハイテク部品の寿命はわずか18カ月と言わ

れる)、売り上げは激減した。まもなく株式市場では胸躍るようなうたい文句よりも利益の出ている企業を重視する投資スタンスが高まったことから、IT株バブルは一挙に崩壊した。ここから得られる教訓は、そのうたい文句がどれほど魅力的なものであろうとも、株主のために利益を出すという実績のない企業には投資してはならないということである。さらに同じく重要なもうひとつの事実は、そうしたバブルの膨張と突然の崩壊の期間中でも、優良企業は適正な価格で売買されていたことである。ドットコム企業のうまい言葉に踊らされず、テクナメンタル投資法の原則を堅持していた投資家は、まもなくその忍耐と投資スタンスが報われることになった。

　馴染みのない企業　自分の知らない、または知りたくもないような商品やサービスを販売している企業も除外すれば、投資リスクを大幅に軽減できるだろう。ピーター・リンチも、自分がまったく知らないハイテク企業は投資対象から除外したと繰り返し語っている。もしもインターネット・テクノロジーについてよく分からなければ、シスコ株がどれほど人気化しようと、ルーターを売っているような企業は避けるべきである。それ以外の有望な投資銘柄など、いくらでもある。

　こうしたアドバイスは少し厳しすぎるかもしれない。もしも新しいことに関心があるならば(新しいテクノロジーに関する新聞記事などを読むのが好きな人、あまり馴染みのないことにも好奇心をそそられるような人など)、少し視野を広げて興味ある企業を投資候補に加えてもよい。そうすることで知識欲と知的好奇心を満足できるだろう。しかし、新しい企業やそのユニークさのことを勉強しようという意欲のない人は、これまで述べてきたアドバイスをよく心にとどめるべきである。

　なぜそうした企業を避けるべきなのか。それは財務諸表などからそうした企業の将来性を判断できないからではない。本当の理由は、そうした企業の株式を保有しても、自分が分からない製品の市場動向、

潜在的なリスクと落とし穴、新しい競合製品の出現やそれらとの競争の可能性などが理解できないので、保有株を売却すべきか、ホールドすべきかどうかを決定できないからである。自分の正直な気持ちを大切にすべきである。テクナメンタル投資家は長期投資家としてその企業と結婚しようとしており、トレーダーのように一時的な関係を持とうとしているのではない。実生活でも配偶者のことをよく理解していればうまくやっていけるように、株式（企業）についてもこれとまったく同じである。

どこに目を付けるのか

　本書の初めでも述べたように、「死んだ」場所ではなく「生きている」ところにお金を投資すべきである。成功している企業の「人生」について少し説明しよう。人間は前途有望に人生を始める。（おぎゃーと泣く赤ら顔の）かわいい赤ん坊が肉体的、精神的、情緒的に順調に成長すれば、幼年、少年、青年、成年そして壮年と年を経ていく。最初は親に頼りきった依存心の強い赤ん坊も、成長すれば自立して自分で人生を切り開いていかなければならない。さまざまな技術と世の中に貢献する方法、そして人生を有意義にするための価値観も学べば素晴らしい。人生の途上には苦しいとき、厄介なときもあるだろうが、胸躍る時期もあり、壮年期になると人生も落ち着いたものとなる。経験や能力をうまく使って楽しい人生を送れるときもあれば、感傷的な思い出に浸ったり、人に頼らなければならないときもある。こうした人間の成長過程は成功した企業のライフサイクルとよく似ている。

　スタートアップ企業には多くのものが必要であり、他人に依存することも多い。リスクテーカーから資金や労働力などを提供してもらい、収支は損益分岐点以下である（**図6.1**を参照）。しばらくすると企業は発展・自立し、個人経営から株式会社になる。そうなると経営者は

図6.1 成功した企業の一生

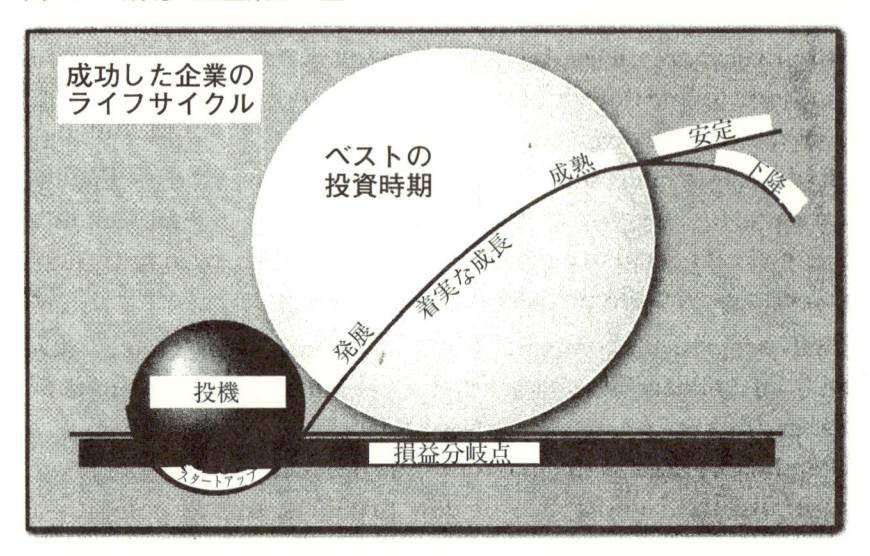

成功した企業のライフサイクル

- ベストの投資時期
- 安定
- 成熟
- 下降
- 着実な成長
- 発展
- 投機
- スタートアップ
- 損益分岐点

企業経営のプロとして、一人前の企業をうまく運営していくために奮闘しなければならない。損益は収支トントンとなり、堅実な経営を続けるためにベストの事業に注力する。まもなく利益も順調に出るようになり、顧客層、ブランド、ロイヤリティなども確立し、広く株式を公開するようになる。この飛躍的な発展期の売り上げと利益の伸びは目覚しい。対前年比の伸びが100%に達することも珍しくなく、1000ドルの売り上げを翌年に2000ドルにするのは簡単である（100万ドルの売り上げを200万ドルにするのは容易ではない）。こうした現象は確率論で言う「大数の法則」（実験回数を増やせば、その確率は理論値に近づく）に似ている。このように成功した企業の青年期の売り上げ・利益の伸びには目を見張るものがある。

最も生産的である成年期になると（人間で言えば、精神・情緒的に最も成長する時期）、明確な企業文化、倫理および価値観などが確立

してくる。生産性の高いことが必ずしも売り上げや利益の伸びに直結するものではないが、それがなければ企業としての成功はあり得ない。この時期には同業他社よりも優位に立てる営業権なども確立してくる。成熟期になると収益の規模は大きくなるが、これまでの成長率を維持するのは難しくなる。人間でいうこの晩年は企業の安定期であり、商品ラインを刷新したり、新たに市場を開拓しないと衰退に向かうことになる（少なくとも飛躍的な発展が5年は続く青年期の企業が、すぐに衰退に向かうことはない）。優れた収益実績の期間が長いほど経営は安定するが、すべては経営者の経営手腕にかかっている。以上が投資対象となる企業の一般的なライフサイクルであるが、スタートアップ企業への投資は投機的でリスクが大きい。

投資企業をどこで見つけるのか

投資企業はどこにでもあり、それを見つける方法や場所もまた至るところに存在する。

専門誌

多くの専門誌のひとつを定期購読、または試しに読んでみよう。そこには素晴らしい企業の興味ある記事や決算データが掲載されている。しかし、それによって投資銘柄をすぐに決定すべきではなく、そこからヒントを得たり、有望株に関するアナリストのコメントなどを参考にする。自分でスクリーニングをしないで、専門誌の推奨銘柄を購入してはならない。

新聞

新聞からも興味ある企業や産業の情報を入手できる。主に経済・証券欄などにそうした記事が掲載されているが、特集記事などにもそうした情報が載っている。医学や科学分野の新しい発見記事などにも、新しいテクノロジーを持つ企業情報などが掲載されている。代表的な新聞はウォール・ストリート・ジャーナルとインベスターズ・ビジネス・デイリーの2紙である。

テレビ

冷蔵庫のコマーシャルなどはそれを買おうと思っている人以外には何の価値もないと思われるが、必ずしもそうではない。素晴らしい商品を紹介する貴重なコマーシャルもある。その商品を購入するかどうかは別として、その商品のマーケットや製造・販売会社の情報には大きな価値がある。新聞と同じように、テレビのニュース番組では新しい発見や製品開発の特集も放映しているので、そこから投資企業をリサーチすることができる。

証券会社

証券会社の意見を鵜呑みにしたり、自分で調べないでその推奨銘柄を購入してはならないが、投資家の成功を心から願っている良心的な証券会社もある。証券会社は一般投資家よりも多くのリサーチ情報を持っているので、そこから自分の知りたい情報を入手すべきである。しかし、証券会社が特定の銘柄を買い推奨してきたら、自分でリサーチすると言って断固として断ったほうがよい。証券会社には質問に対する答えだけを求め、その意見を聞いてはならない。あなたが株式投

資で成功し始めると、まもなく証券会社があなたの意見を聞いてくるだろう。

何とかして株式を売りつけようとしている平均的な証券会社よりも、自分の常識とリサーチのほうがはるかに頼りになる。本書執筆の数年前に、上位10社の証券会社がSEC（証券取引委員会）とニューヨーク司法長官の調査を受け、不正行為があったとして約14億ドルの罰金支払いを命じられた。最近ではディスカウントブローカーやオンラインブローカーを利用する投資家も増えており、これらの証券会社は何の情報も提供しないが、買い推奨をしてくることもない。

理容店など

私は以前にメキシコシティーのホテルのベルボーイから耳寄り情報を聞かされたことがあった。彼はその情報をそこに宿泊した政府高官から聞いて、それを私に流してくれたのであるが、幸いなことに私はその株式を買わなかった（今のレベルになっていなかったら、おそらく購入したかもしれない）。その銘柄名は忘れたが、それが結局は暴落したことだけは覚えている。至るところでいろんな人が耳寄り情報を教えてくれるが、自分でリサーチしないでそれを鵜呑みにしてはならない。

ショッピングセンターなど

自分で使って素晴らしいと思うような商品やサービスを提供している企業に目を向けるべきだ。その商品の品質、マーケットや将来性などを知っているというのは大きな強みである。ピーター・リンチによれば、彼のヒット銘柄のひとつはスーパーマーケットで売られていたパンストのメーカーであるレッグスだった。彼の奥さんが買い物に行

ったところ、買い物客が次々とレッグスのパンストを買っていると彼に報告した。そこでこの会社を徹底的に調査し、その結果を踏まえてこの会社の株式を買った。その商品やサービスについて詳しい知識や経験を持つ人はどこにでもいる。あなたが医者であれば医薬品には詳しいだろうし、秘書であれば事務機器の良し悪しは判断できるだろう。

子供の遊び場

急成長を続けるマーケットのひとつは子供市場であり、子供が欲しがるおもちゃ、衣服、幼児向け本などはホットケーキのように売れている。子供は家庭の王様であり、親は子供が欲しがるものは何でも買ってやる。こうした傾向はその子供が成人するまで続くので、子供が欲しがるものを作っている企業に注目するのも効果的である。しかし、私が言いたいのはチャンスはどこにでも転がっており、ブームとなっている子供市場はそのひとつにすぎないということである（やがて親のほうもお金がなくなり、子供が欲しがるものをすべて買ってやることはできないだろう）。大切なことはこうした世の中のトレンドに目を向け、そうしたブームが本物なのか、一時的な流行なのかどうかを判断することである。そのブームが長期的なトレンドであると判断すれば、そうした企業について調査すべきである。

図書館

図書館は情報の宝庫であり、興味ある企業の記事や情報が掲載されている雑誌やその他の刊行物のほか、参考図書もたくさんあるので、そこから必要な情報を入手することができる。一方、（印刷またはCD-ROM形式の）バリューライン・サーベイを自分で購読すると年間500ドル以上かかるが、図書館に行けば無料で利用できる。最も

権威あるデータソースのこのバリューラインには約1700社の詳細な情報のほか、1800社の参考データも掲載されているので、それを利用すればかなり詳しい企業スクリーニングができる。例えば、年率13％以上の利益伸び率が今後５年間か、３〜５年間続くと予想される企業の検索などである。バリューライン・サーベイについてはあとで詳しく説明するが、ここではそれが投資企業をリサーチするには極めて便利なデータソースであるとだけ言っておこう。

投資クラブ

新しい投資クラブを作ってもよいし、ほかのクラブに加入してもよい。投資クラブは有望な投資銘柄を見つけるには大変便利なところで、あなたと同じように研究熱心な投資家とも協力できる。すべての会員が研究熱心な投資クラブに加入すると、目に見えてレベルアップするのが分かるだろう。自分で新しい投資クラブを作りたいときは、新版「NAIC公認ガイド——成功する投資ハンドブックの手引（NAIC Official Guide,Introduction to Successful Investing Handbook）」が便利である（NAICのオンラインストアのホームページは「http://store.yahoo.com/betterinvesting/st1020.html」）。

NAICの催し

NAICは常に全米各地で催しを開催しており、NAIC支部の名称と連絡先を知りたいときは電話帳やアドレス（http://www.better-investing.org/）にアクセスしてください。ボランティア会員が次のイベント情報を教えてくれるので、同じ投資家仲間と知り合いになれるだろう。NAICは投資銘柄の参考情報を提供してくるだけでなく、同好の士と知り合いになれる投資クラブや研究会も見つけてくれる。

NAICのオンライン投資クラブ

「Ｉクラブ（I-Club）」と呼ばれるNAICのオンライン投資クラブでは、3000人以上の会員がインターネットやｅメールで情報を交換している。このＩクラブは興味ある企業について意見を交換したり、投資銘柄について議論を交わす素晴らしいネットワークの場である。本書にはＩクラブで入手した情報（自分流の投資法を確立しようとしている投資家から寄せられた質問など）も盛り込まれている。NAICのボランティア会員であるニュージャージー州のナンシー・アイザックスさんは最も活動的なＩクラブのメンバーであり、ソクラテス流の語り口で多くの人々の質問に満足のいくよう回答している。Ｉクラブへの参加・登録は無料で、メンバーの多くは（私のように）本を書いたわけではなく、単に情報を吸収するだけの普通の人である。Ｉクラブに参加するにはNAICのサイト（http://www.better-investing.org/）にアクセスし、「I-Club List」→「Community」と進む。このほか、Ｉクラブに似ている無料フォーラムであるNAICの「コンピュサーブ・フォーラム」（community.compuserve/naic）もある。

「優良企業の完全リスト」
（The Complete Roster of Quality Companies）

私の前の会社が始め、その後継会社のICLUBセントラルが提供しているこの月極めデータベース（http://www.iclub.com/isupport/roster.asp）は、有望企業のヒストリカルデータを（次章以降で説明する）一定の投資基準に従って分析している。また業績が悪化したり、優良企業の条件を満たさなくなった企業を除外する一方、新たに投資基準をクリアした企業を１～10段階で格付けしている。このデータベースに掲載されている企業は（第７章～第９章で述べる）投資基準を

満たしている企業なので、その直近データを確認して現在の株価が妥当な水準にあるのかどうかを調べるだけでよい（これについては第10章を参照のこと）。

耳打ち情報

耳打ち情報の多くはインサイダー情報や新製品に関する情報などである。だれかがあなたにそうした情報を教えてくれたら、その人はそうした秘密情報をどこから入手したのかについて考えるべきだ（証券会社がそうした情報を教えてくれたら、それはすでに株価に織り込み済みになっていると考えたほうがよい）。一方、「某社は革新的な製品を発売するらしい」といった新製品情報については、そうした新製品がどのくらい収益に貢献するのかが重要である。一般にそうした新製品の売上高は微々たるもので、その企業がそうした新製品に利益を託しているとすれば、それはその企業が大きなリスクを抱えている証拠である。この種の情報は企業の数ほど流布しているが、自分でリサーチしないでそれを鵜呑みにしてはならない。

電子スクリーニング

パソコンによる電子スクリーニングを使えば、投資基準を満たす企業だけを素早く選別できる。変数は売り上げ・利益成長率、PER（株価収益率）、企業規模など、どのようにも設定することができる。費用はインターネットによる無料のスクリーニングから、年間250ドルで定期購入するデータベースまで多岐にわたる（年間２万ドルのプロによるスクリーニングデータベースもある）。

インターネット上のデータソース　無料で利用できるインターネ

ット上のスクリーニング・サービスも少なくないが、この分野では現在最も権威があり、『インベスターズ・ウエブ・ガイド（Investor's Web Guide）』や『ザ・コンプリート・イディオット・ガイド・ツー・オンライン・インベスティング（The Complete Idiot's Guide to Online Investing）』の著者でもあるダグ・ゲルラッハ氏が勧めるベストのサイトは次のとおりである。

●ロイター・インベスター・パワー・スクリーナー（http://www.investor.reuters.com/nscreen/builder.asp）　無料で利用できるこのサイトの指標はカスタマイズが可能で、データはエクセルに取り入れる。

●ヤフー・ファイナンス（screenerfinance.yahoo.com/newscreener.html）　150の指数があり、それらを自由に組み合わせて利用できる。

●モーニングスター（screen.morningstar.com/StockSelector.html）　オンライン定期利用者には特別サービスも提供しているが、「モーニングスター・ストック・グレード（Morningstar Stock Grades）」と呼ばれる無料のサイトは簡単で使いやすい。

●MSNマネー（moneycentral.msn.com/investor/finder/customstocks.asp）　インターネット・エクスプローラのアクティブXコントロールで使用するこのスクリーナーは、さまざまなテクニカル分析とファンダメンタルズ分析の指標を自由に組み合わせることが可能で、データはエクセルに取り入れる。

●ビジネス・ウィーク（prosearch.businessweek.com/businessweek/general_free_search.html）　ファンダメンタルズ指標に素早くアクセスできるほか、モメンタムをベースとした各種指標の利用、ファジーリサーチなどもできる。

スクリーニング・データベースとソフト　パソコンで利用するス

クリーニング・プログラムは数多く、定期契約によるソフトや必要データだけを選別するツールなど多岐にわたる。そうしたなかで私が最も推奨するのは、NAICと並ぶもうひとつの非営利団体である米個人投資家協会（AAII）が提供する「ストック・インベスター・プロ（Stock Investor PRO）」である。AAIIも個人投資家の教育と自分で投資銘柄を決定する能力の育成を目指しており、このソフトでは自分で株式投資ができるように最高1500に上る指標がカバーされている。

一方、本書の旧版が刊行されるまでにすでに大きな評判を勝ち得てきたICLUBセントラル社の「NAICストック・プロスペクター（NAIC Stock Prospector）」は、特にNAICの投資基準をベースとして開発された。このプログラムではNAIC会員であれば無料か、安価に利用できるNAICの「オンライン・プレミアム・サービス（OPS）」のデータを取り込み、希望する投資基準の企業検索や企業ランキングに応じたスクリーニングなどができる。有望銘柄を発掘できるこのプログラムの利用料は、NAIC会員であれば年間わずか99ドルである。

投資銘柄（企業）とそれを見つける場所

除外する企業
- 新興企業や小規模すぎる企業
- 古い企業や大きすぎる企業
- 開店休業（利益が出ていない）の企業
- 自分が理解できない、または興味のない事業を行っている企業

注目する企業
- 企業規模に見合って売上高が毎年伸びており、また売り上げと利益の伸びが比例している企業
- 投資資金が5年間で倍増できるほど、毎年の利益が成長している企

業

　こうした優良企業の情報は新聞から理容店に至るまでどこにでもある。なかでも図書館とインターネットはそうしたデータが入手できる最も便利な場所である。次章以降で説明する投資原則に従って自分でリサーチしないかぎり、耳打ち情報で株式を買ってはならない。

第7章

企業の質を評価する
Evaluating Company Quality

　有望株を購入するにはその企業が優良企業なのか、そして現在の株価は適正な水準なのかが分かればよい。その企業の成長ラインが真っすぐか、または曲がりくねっているか、そのトレンドは右肩上がりまたは下降しているのかなどが分かれば、その企業の質は一目瞭然である。何と簡単なことだろう。（投資価値が増大する）優良企業の成長は力強く安定しており、有能な経営陣は今後もそうした高い成長を持続できるだろう。この2つの要因はチャートのトレンドを見れば明らかであり、テクナメンタル分析では一般的な常識があれば十分である。第7章～第8章では企業成長の力強さと安定度を簡単に評価する方法、第9章ではそれを持続する経営陣の能力について分析する。

チャート

　テクナメンタル分析では企業の成長と効率性を評価するため2つのチャートと使う。そのひとつは対数目盛りチャートと呼ばれる成長チャートで、それによってその企業の売上高と利益成長の質を分析する。もうひとつは経営陣の経営効率性を見る普通目盛りチャートである。パソコンがあれば電子データや印刷データからこれらのチャー

トを簡単に作成できるが、手作業でも可能である。本書に掲載した図はICLUBセントラル社のパソコンソフト「テイク・ストック（Take $tock）」を使い、全米投資家協会（NAIC）が提供するオンライン・プレミアム・サービス（OPS）データから作成したものだが、マイクロソフトのエクセルでも作成できる。パソコンがなくても、NAICのテクナメンタル株式分析ワークシート（TSSW）や株式選択ガイド（SSG）があれば作成可能である（本書の第一版では手作業によるチャート作成に多くのページを割いたが、現在ではパソコンが普及しているのでパソコンによるチャート作成が中心となった。

　バリューラインやS&Pのデータを使った手作業によるチャート作成については、eraub@financialiteracy.us にアクセスしてください。一方、パソコンの使用いかんにかかわらず、ビジネス計算器があればかなり便利である。例えば、人気の高いテキサス・インスツルメンツ社のBA35などでは、「PV（現在値）」「FV（将来値）」「i％（伸び率）」「N（期間）」の4つのを使い、「CPT」キーを押すと求める結果が表示される。これによって投資資金の時間価値、すなわち企業の複利成長率や複利リターンなど、テクナメンタル分析の計算が簡単にできる。

企業の成長チャート

　第5章ではルーシーのレモネードスタンドからゼネラル・エレクトリック（GE）に至るまで、企業の売上高・利益の成長とその質について検討した。続く第6章では投資企業の見つけ方について説明したので、以下ではそうした企業の成長の質（力強さと安定度）について分析する。大切なのは単利ではなく複利の成長である。15％の複利成長であれば、初年の1.00ドルは翌年には1.15ドル、翌年には1.00ドルではなく1.15ドル×0.15＝1.32ドルとなる。複利成長で伸び続けて

第 7 章　企業の質を評価する

図 7.1　単利と複利の成長率

年率15%の成長率	単利	複利
最初の投資資金	$1.00	$1.00
1年後	1.15	1.15
2年後	1.30	1.32
3年後	1.45	1.52
4年後	1.60	1.75
5年後	1.75	2.01

いけば、毎年15％弱の伸び率でも5年間で投資資金が2倍になる（**図7.1**を参照）。

　この**図7.1**を見ると、儲けた利益を軽々に引き出してはならない理由がよく分かるだろう。利益を再投資することによって5年で資金を2倍にできる。以下ではテクナメンタル分析によって売上高と利益成長の質を評価するため、成長チャートとその使い方を説明する。一部の投資家は数字だけを見てそこから結論を引き出そうとするが、数字からは重要なトレンドを読み取ることができないので、数字をチャートやグラフに表して視覚化するのがよい。

　図7.2は売上高の10年間の推移を示したもので、縦軸が売上高（単位100万ドル）、横軸が年を表している。百聞は一見にしかずと言われるが、これを一目見ただけで成長のトレンドが分かるだろう。定率成長のグラフは毎年急勾配になっており、成長のペースが加速化していると思われるが、実際には毎年の成長率は同じである。

　これに対し、定額成長（1.5億ドル）のグラフは真っすぐな上昇曲

図 7.2 売上高の定率成長と定額成長

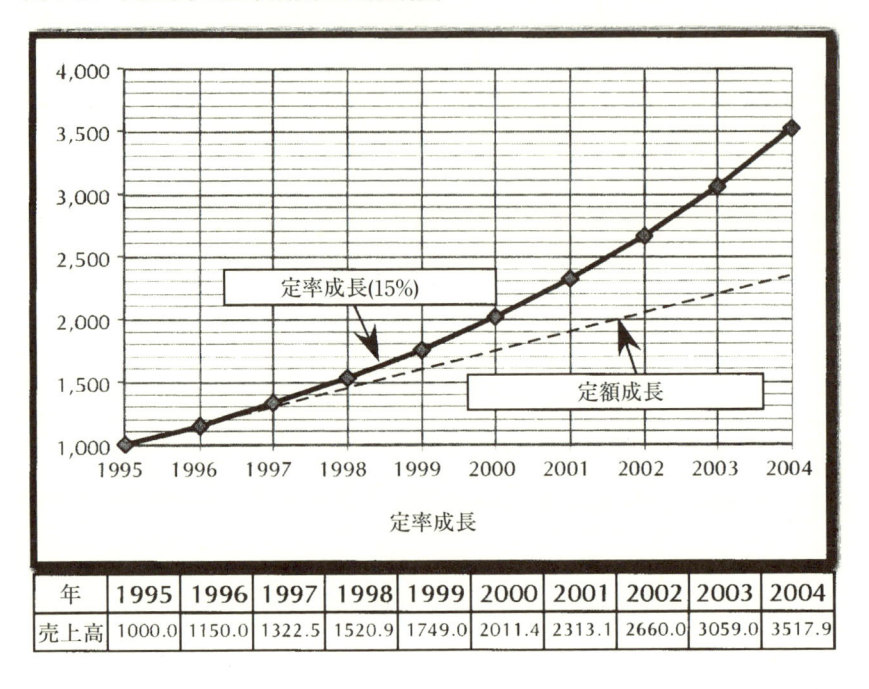

年	1995	1996	1997	1998	1999	2000	2001	2002	2003	2004
売上高	1000.0	1150.0	1322.5	1520.9	1749.0	2011.4	2313.1	2660.0	3059.0	3517.9

線であるが、実際の成長率は鈍化している。**図7.2**の左側の売り上げ伸び率は理解しやすいが、右側に進むにつれて成長率は分かりにくくなる。大切なのはその企業の成長率であり、われわれが見つけようとしているのは高い成長率を持続する企業である。企業が永遠に安定した成長率を持続するのは難しく、企業規模が大きくなれば収益も増大するが、同じ成長率を維持するにはさらに大きな収益の伸びが必要となる。

　図7.3の売上高の伸びは15％の定率であり、ラインは右上がりの直線となる。定率チャートでは成長率の変化が一目で分かり、15％よりも高い成長を遂げたときは急勾配となり、それよりも鈍化すれば勾配

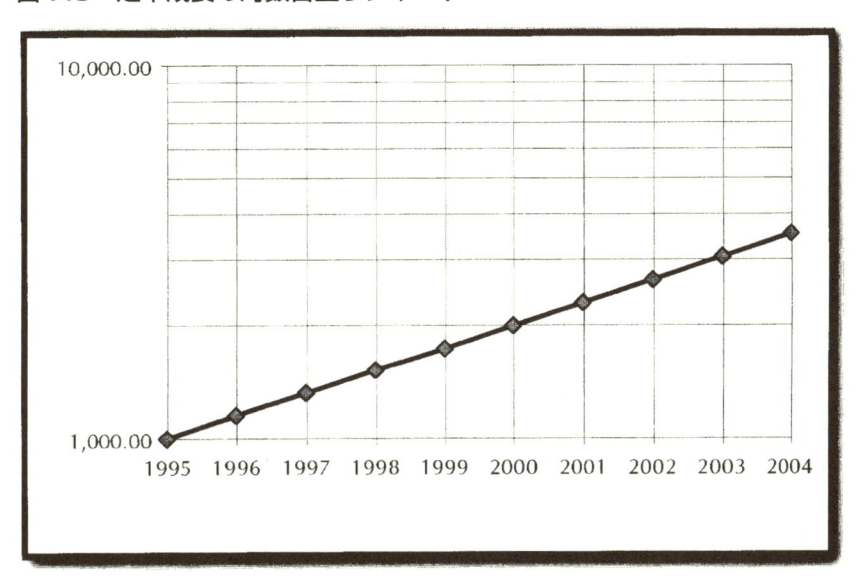

図7.3　定率成長の対数目盛りチャート

が緩やかになる。企業の成長率だけを見たいときは、定額よりも定率チャートのほうが便利である。

　成長チャートのもうひとつのメリットは、10億ドル単位の売上高と1ドル当たりの利益を同じチャート上に表示できることで、その単位が10億ドルや1ドルであろうとも同じトレンドラインとして表すことができる。企業の成長チャート（対数目盛り）の特徴をまとめると次のようになる。

●右上がりの直線は一定率の複利成長率を表している。
●成長率の変化が一目で分かる。
●例えば、10億ドル単位の売り上げ伸び率と1株当たり利益成長率が簡単に比較できる。

● 小さなチャートに多くのデータを表示できる。例えば、数十年にわたる対数目盛りチャートを使えば、100万ドルから10億ドルまでの売上高、10セントから10ドルまでの1株利益の成長率も読み取れる（もっとも、10～15年も一定率の成長を持続している企業はあまりない）。

成長の分析

　売上高と利益の成長を見るときは、まず最初にそのトレンドに着目する。そのトレンドは右上がりか、ラインは急勾配か、それとも緩やかな上昇か、などを見る（ラインが急勾配の右上がりであるほど、高い成長率となっている）。もちろん、それだけで正確な成長率が分かるわけではないが、その企業のヒストリカルな成長や今後の持続的な成長トレンドなどがだいたい読み取れるだろう。MSN（マイクロソフト・ネットワーク）マネーセントラルのシニアマーケット編集長でワース誌のシニア証券編集長でもあるジム・ジュバク氏は、その著書『ザ・ワース・ガイド・ツー・エレクトロニック・インベスティング（The Worth Guide to Electronic Investing）』に掲載された成長チャートを、「成長株の特徴をカバーしたおそらく現在では最も有効なファンダメンタルズ分析ツールのひとつ」と述べている。同氏が言うように、企業の成長チャートの最も大きなメリットは、そこから将来の成長の可能性が予測できることである。

　株式投資で成功するカギ、そしてテクナメンタル分析から読み取ることは、将来の成長率を予測することである。そのために必要なことは、成長ラインがまっすぐ上方に伸びているか、それとも曲がりくねっているのかを判別するだけである。明日も太陽が東から昇ることはほぼ確実であり、会社の同僚が過去1年間に毎日ピーナッツバター入りのサンドイッチを持ってきたとすれば、明日もそれを持ってくるのはほぼ間違いない。その出来事が規則正しく起これば、これからも起

こると予想される。こうしたことは企業の成長についても同じであり、その企業の売上高と利益が**図7.3**のように過去10年にわたって毎年15％のペースで成長し続けてきたとすれば、少なくとも今後1〜2年は同じ成長率が続くと予想される。

　売上高と利益のヒストリカルな成長チャートが右上がりの直線であれば、その成長は着実であることが分かる。もっとも、完全な右上がりの直線であるのは珍しく、伸び率が年によってまちまちだったり、ときに成長ラインが急上昇したり、急下降することもある（成長率がゼロやマイナスになったような年は除外する）。例えば、ある年に利益が出なかったり、または赤字になったときは、ラインはチャートの下方で途切れる。その場合、重要であるのはどれくらいの赤字を出したのかではなく、赤字を出したという事実である。

　図7.4はオーエンス・コーニング（大手建材メーカー）の1995〜2004年の利益成長率を示したもので、同社の利益トレンドは不確実で予測不能である。それによれば、利益水準は1995年から翌年に増加したあと、1997年にはほぼ4倍まで急増した。しかし、翌年には1995年以下の水準まで急落、1999年には再び急回復したが、2000年に半減し、2001年に少し戻したあと、2002年には急反落、2003年にはついに赤字転落した。2004年には再び黒字になったが、その水準は1998年をわずかに上回る程度だった。この10年間に同社の利益トレンドが下降しているのは明らかである。この会社の長期の利益トレンドを見ると、直ちに投資銘柄リストから除外されるだろう。

　このチャートを**図7.5**のベッド・バス＆ビヨンド（大手スーパーマーケット）のチャートと比べるとその違いは一目瞭然であり、過去10年間のベッド・バスの利益はほぼ30％のペースで一貫して増加している。成長トレンドに一貫性がなければ（利益成長ラインが曲がりくねっていれば）、利益成長が今後もどれくらいのペースで持続するのかは予測できない（特に利益が出なかったり、赤字の年があるときなど）。

図7.4 オーエンス・コーニングの利益推移

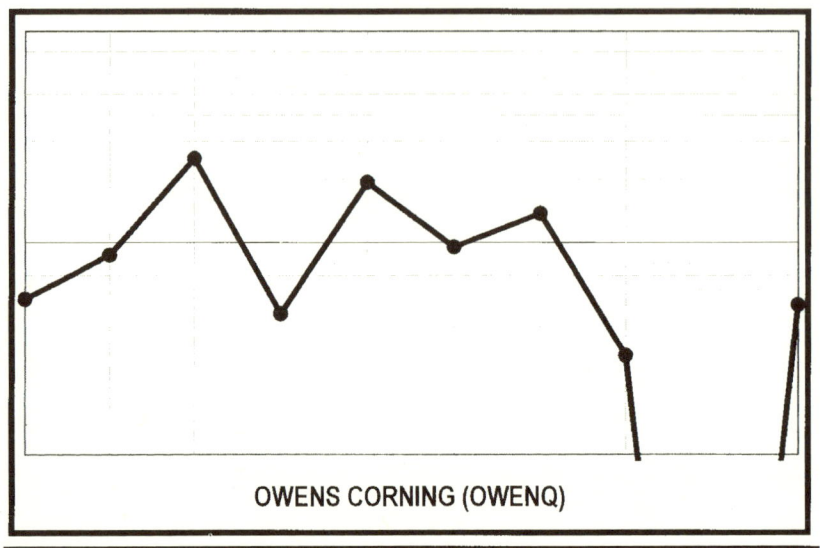

OWENS CORNING (OWENQ)

OWENQ	1995	1996	1997	1998	1999	2000	2001	2002	2003	2004
EPS	2.66	4.28	12.25	2.27	9.46	4.67	6.71	1.43	(13.40)	2.49

　利益に比べて、売上高のトレンドは特に年商が1億ドル以上の企業の場合、短期的な変動要因はそれほど大きく影響しないのでかなり予測が可能である。しかし、長期的には予想外の競争の激化、大幅な販売不振、大きな災害、集団訴訟の敗訴などが売上高の成長を鈍化させる可能性もある。このほか、商品拡販の失敗、セールス社員の士気の低下、経営陣の変更などのマイナス要因もある。売上高に比べて利益成長のトレンドが予測しにくいのは、売上高に影響を及ぼすすべての要因が利益水準を左右するほか、最終的な利益を縮小させるさまざまな要因もあるからだ。

　例えば、製造コストは各年（または四半期ベースでも）で変動するし、その他の固定費、税金や発行株数の増減も1株利益を大きく左右

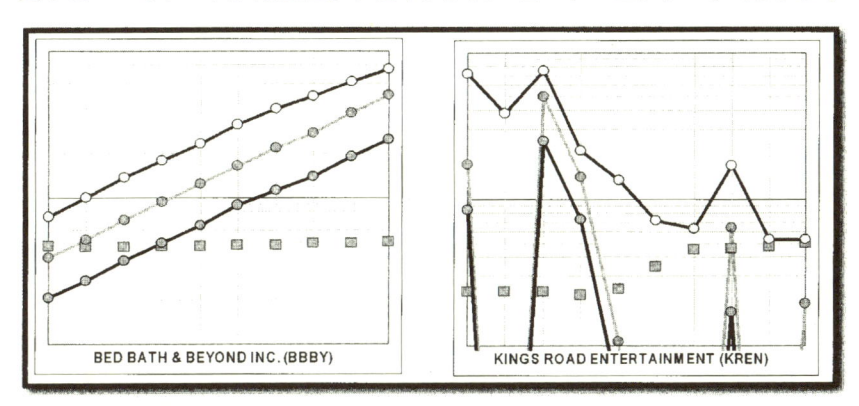

図7.5　ベッド・バス&ビヨンドとキングズ・ロード・エンターテインメント

　する。安定した売上高と利益トレンドが続く企業は将来の利益成長にも信頼が持てるが、各年の利益に大きなばらつきがある企業では信頼度も低下する。各年の製造コストを一定水準に抑えられないような企業は投資候補にも値しない。

　企業の成功は利益成長を持続する能力にあり、投資家の成功はそうした企業を発掘する能力にある。したがって、投資対象となるのは安定した予測可能な利益成長を持続する企業だけである。そのためには利益トレンドラインが安定して上昇しているか、比較的上向きの直線か、それとも曲がりくねっているのかなどを判別する必要がある。高水準の利益の年と利益のない年が頻繁にあるような企業は、その経営陣が年次報告書でどれほど素晴らしい見通しを示してもまったく信用できない。ばらつきのある利益チャートは、投資家に近づくなと警報しているクラクションのようなものである。

　注目するのは安定した利益トレンドの企業だけである。それならば、利益トレンドに一貫性はないが、利益ラインが急上昇しているような

図7.6 直線に引き直した利益成長トレンド

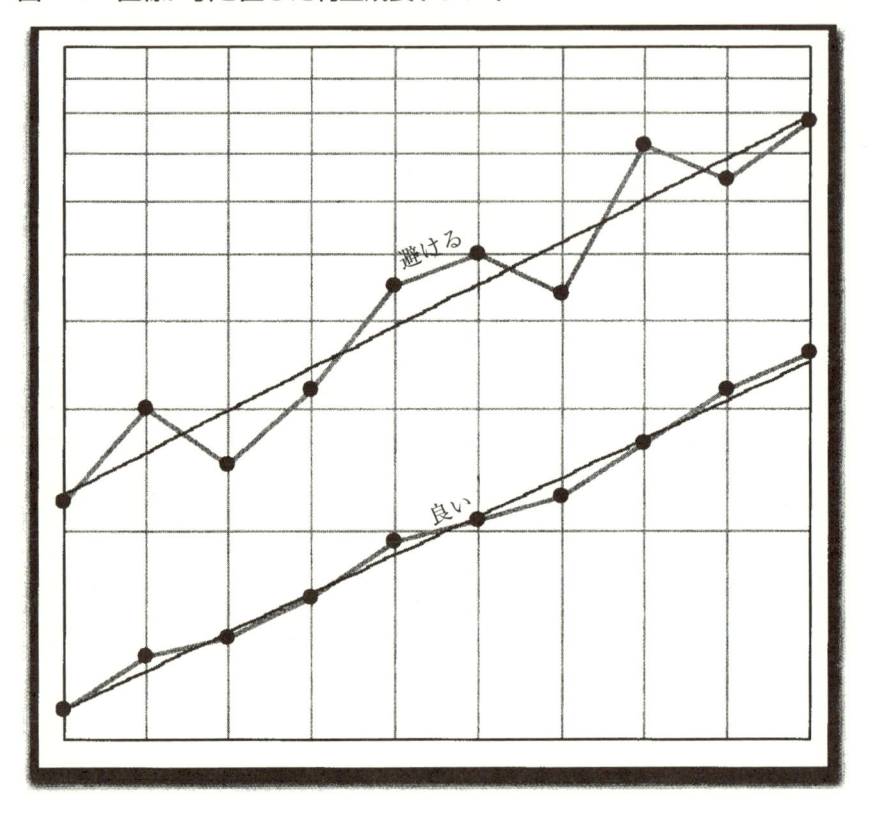

[図：上側のジグザグした線に「避ける」、下側の安定した線に「良い」のラベル]

企業はどうだろうか。一般にそうした急成長の企業は安定した利益実績がなく、将来の利益トレンドを予測するのが難しい。もっとも、安定して高い利益を出しているような企業は別である。

図7.5は実際の企業の利益成長トレンドを示したものである。もちろん、現実にはこの両極端の中間に位置する企業が多く、すべての成長企業がこのベッド・バスのようなチャートを描いているわけではない。スクリーニングソフトを使えばこうした企業を簡単に分類できるし、ICLUBセントラル社が提供する「優良企業の完全リスト」を使

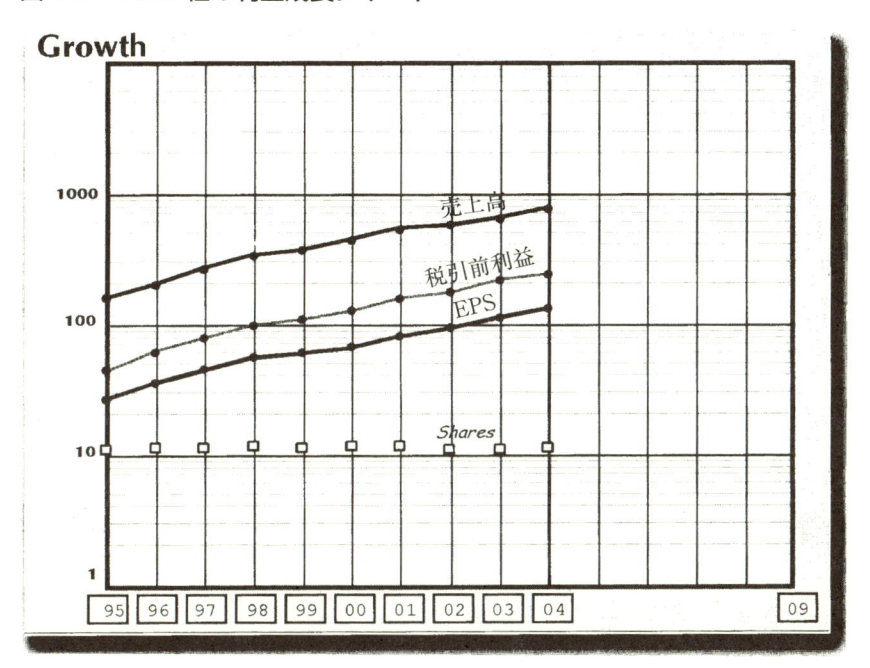

図 7.7　ABC 社の利益成長チャート

っても投資適格企業を見つけることができる（**図9.4**を参照）。

　もっとも、どの程度までの利益成長ラインを許容するのかについては個人差がある。多少ばらつきのある利益トレンドを直線にすればその勾配が簡単に分かるだろう（**図7.6**を参照）。少なくとも直近5年間の利益トレンドを直線で表せないような企業は対象外である。まだ経験が浅く、成長トレンドの分析に慣れていないときは、「疑わしき企業は捨てる」という方針で臨むべきだ。有望株を取り逃すこともあるが、危険な株を買うことはないからだ。

実際の応用

図7.7のABC社のチャートをどのように見るか。

1．特に直近5年間について、売上高と利益成長ラインはほぼ直線か、それとも各年でばらつきがあるか　勾配は緩やかであるが、成長ラインにばらつきはなく、ABC社の利益成長は安定しているといえるだろう（これを図7.4のオーエンス・コーニングのチャートと比較してみよう）。

2．成長ラインは右上がりまたは右下がりか、その勾配はどれくらいか　成長ラインは右上がりだが、成長率が13%または17%のどちらかは判別できない。成長率の程度を見るには、直近の数字を5年前の数字と比較する。この5年間にその数字が2倍になっていれば、成長率は少なくとも15%にはなっている。直近の1株利益は約130、5年前は約60であることから、ABC社の利益成長率は少なくとも15%には達している。

3．売上高と利益は安定して伸びているか　やや平らになることもあるが、過去5年についてはほぼ安定した右上がりの直線を描いている。当初の成長率は緩やかであるが、全体として安定している。ABC社は今後も直近の成長率を持続すると予想される。

こうしたチャートはその企業の成長の質を評価するのに便利である。もちろん、実際のすべての企業がこうしたトレンドを描くわけではないが、成長ラインを見ると避けるべき企業は一目で分かる。

成長の力強さの評価

最初にある企業を投資候補に含めたとき、少なくともその売上高と

利益の成長チャートは投資基準をクリアしたであろう。つまり、それらの成長ラインは一定の右上がりのトレンドを描いていただろう。次にその企業の成長ペースは今後5年間で投資資金を2倍にするという基準を満たしているのかを確認する。こうした成長の力強さを見るには、データを示した期間の成長トレンドを要約するラインを引く。パソコンを使えば、すべての点を要約したトレンドラインを正確に描くことができるだろう。そのラインはヒストリカルな成長率のトレンドを表すだけでなく、将来の成長率を予測するスタートラインとなる。

アウトライアーの除去

　成長トレンドラインを引く前に、アウトライアー（不適当なデータ）を除去する必要がある。これは過去に起こったが、将来に再び起こる可能性は低く、成長予想の妨げになる不適当なヒストリカルデータである。測定データに不適当な数値が含まれていると全体の結果を歪めることになり、最も危険が大きいのはかなり楽観的な結果が出たときである。正確な予想を出すためにも不適当な数値を除去する必要がある。慎重に大きな誤りを避けるようにすれば、あとで失望することもないだろう。そうした予測値を許容できる最小限度に抑えておくことが、成功する株式投資のひとつの条件である。主なアウトライアーは次の2つである。

1. **スパイク**　通常のデータ分布から大きく外れた値で、一般には良くない数値である。
2. **急成長値**　過去に見られた異常に高い数値で、おそらく二度と出現しないものである。

　成長にむらのある企業を避け、大きなアウトライアーのない企業を

図7.8　最初の急成長にだまされるな

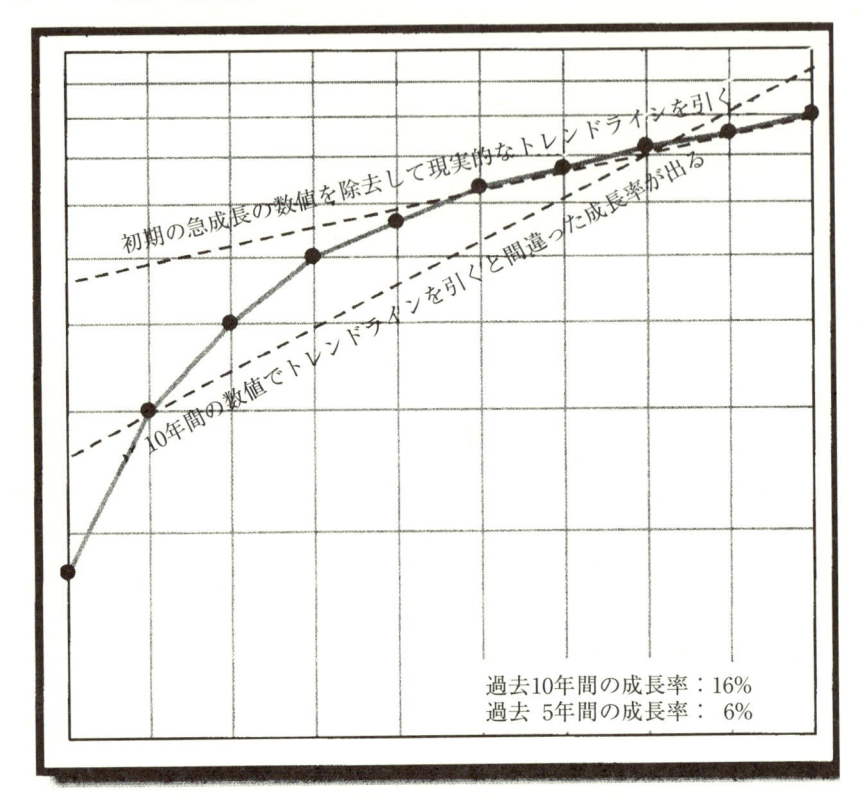

グラフ内注釈:
- 初期の急成長の数値を除去して現実的なトレンドラインを引く
- 10年間の数値でトレンドラインを引くと間違った成長率が出る

過去10年間の成長率：16%
過去 5年間の成長率： 6%

選べば、安定した成長トレンドの企業だけが残るだろう。しかし、**図7.8**に示したように、以前の成長ラインであれば十分に投資基準を満たしていたが、その後にトレンドが大きく変化した企業もあるので要注意である。なおパソコンを使えば、アウトライアーを簡単に除去することができる。不適切なデータを除去し、残りのデータで成長率を計算すれば、画面上に正確な成長トレンドが表示されるだろう。

　ここで再びABC社の成長チャートを見てみよう。**図7.9**は最初の4年間の数値をアウトライアーとして除去し、直近6年間の数値でトレ

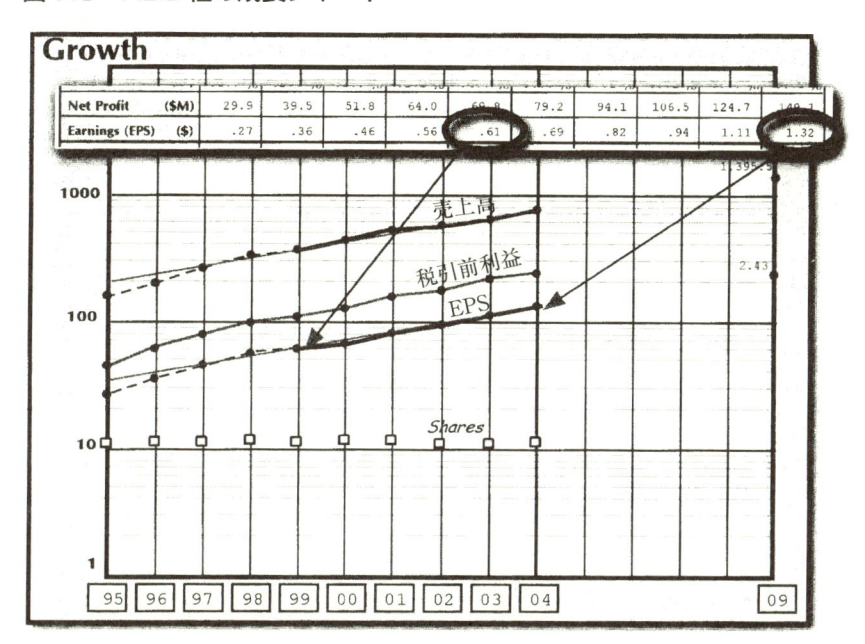

図 7.9　ABC 社の成長チャート

Net Profit ($M)	29.9	39.5	51.8	64.0	69.8	79.2	94.1	106.5	124.7	148.7
Earnings (EPS) ($)	.27	.36	.46	.56	.61	.69	.82	.94	1.11	1.32

(グラフ：売上高、税引前利益、EPS、Shares のトレンドライン、1995年～2004年、および2009年予測)

ンドラインを引いたものである。2004年の1株利益は1.32ドル、5年前の1999年の利益は0.61ドルであり、この2つの数字をビジネス計算器に入力すると（FV（将来値）= 1.32、PV（現在値）= 0.61、N（期間）= 5）、16.7％という成長率が出てくるが、これは投資資金を5年で2倍にできるという成長率の基準を満たしている。

成長の条件

以下では、投資銘柄の条件を満たしている企業の売上高と利益がど

のようなものであるのかを検討する。

売り上げの伸び率

　5年間で投資資金を2倍にするには、年率15％以上のペースで売り上げが増加している企業を見つけなければならないが、この基準は必ずしも現実的ではなく、またそれにこだわりすぎる必要もない。売り上げ伸び率は企業規模によっても異なり、一般に規模が大きくなれば、増収のペースは鈍化する。われわれの目的は年平均で15％以上のリターンを上げるポートフォリオを組成することであり、そのためには必ずしも15％以上の増収企業だけを集める必要はない。優良企業でも規模が大きくなれば増収ペースは鈍化する。一方、小さい新興企業は新しい顧客の獲得、新規市場の開拓、小規模な売り上げなどから、その成長ペースには目を見張るものがある。しかし、分散投資の意味から特に投資環境が厳しいときは、安定性を確保するためにポートフォリオに大型企業を組み入れてもよいだろう。期待リターンを少し犠牲にして、ポートフォリオの安全性を高めることである。

　一方、多くの成熟企業はその成長に再投資しても以前ほど高いリターンは得られないが、株主には高配当で報いており、その配当金も総リターンの一部と考えるべきである。例えば、10％のリターン＋3％の配当金＝13％の総リターンとなり、これはS&P500の平均リターンを上回っている。大手企業の配当率が3％以上であるのは珍しいことではなく、キャピタルゲインだけで5年間に資金を2倍にできないときは、配当収入も総リターンに含めるべきであろう。厳しい投資環境のときは期待リターンを少し犠牲にしても、大手企業の安全性をリスクヘッジとして取り入れる。

　売り上げの年間伸び率は約7〜20％と企業規模によって大きく異なる。年商が40億ドルを超える伝統的な大手企業の場合、売り上げ伸び

図 7.10　売上伸び率で見たリスクとリターン

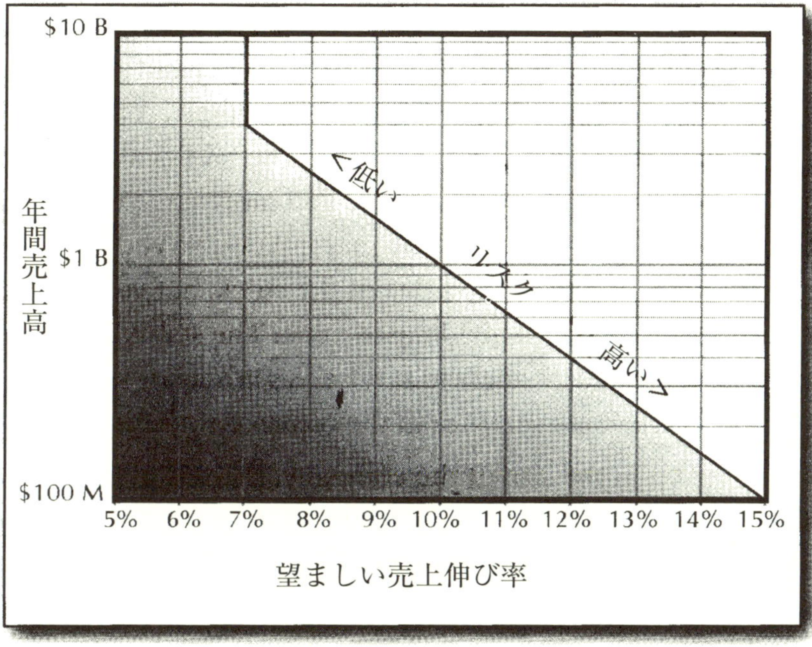

率が７％ほどでも十分に受け入れられるだろう。これに対し、目覚しい成長を続ける新興企業の売り上げ伸び率は２ケタは必要である。もっとも、20％以上の売り上げ伸び率を長期にわたって持続することはできないが、新興企業のリスクの大きさは高い売り上げ伸び率でカバーすべきである。リスクの大きい急成長企業と安定成長の成熟企業をバランスよくポートフォリオに取り込めば、15％以上の平均リターンを上げることもできるだろう。一部の急成長企業は失速する可能性もあるが、新興の勝ち組企業はやがて優良企業の仲間入りをするので、こうした企業を発掘してその株式を長期保有するのがよい。

図7.10は売上高の規模と伸び率の関係を示したもので、右上の明るい領域にあれば投資銘柄に含めてもよい企業である。例えば、年商

が3億ドル程度の企業の売り上げ伸び率は12％以上、年商10億ドルの企業では少なくとも10％の伸びが必要である。われわれの基準では大手企業では7％以上、小規模の新興企業では12％以上の売り上げ伸び率が条件となる。新興の成長企業に投資して5年後に投資資金を2倍にするには、15％以上の売り上げ伸び率の企業を見つけなければならない。

利益成長率

投資資金を5年で2倍にするには、利益成長率も15％以上というのが必要条件となる。しかし、売り上げ伸び率と同じように、ポートフォリオのすべての銘柄がこの条件を満たすことは現実的には無理であり、ポートフォリオ全体の必要条件と考えたほうがよい。例えば、ポートフォリオ全体で15％以上の利益成長率になっているときは、それよりも低い成長率の大手企業を組み入れてもよい。一方、売り上げ伸び率が15％以上で、全体の印象も悪くない企業の利益成長率が少し基準に届かないときは継続リサーチのリストに含める。大切なことはその企業が生み出す総リターンであり、利益成長率が15％に達しなくても株価が適正価格よりもかなり安値に放置されている銘柄は、年率15％以上のキャピタルゲインを上げることも珍しくない。

株価の水準次第でPER（株価収益率）も大きく変わってくるので、適正価格以下にある銘柄は、増益となってもPERはそれほど上昇しないので投資銘柄に含めてもよい。こうしたことは短期のトレーダーがよく考えることであるが、私が言いたいのは、利益成長率が基準に満たない企業の株式でも、PER次第では割安株に含まれるということである。

四半期売り上げ伸び率

　ここにABC社があるとして、当初4年間のデータを削除したあとの期間の売り上げ伸び率は約15％、利益成長率が16.7％とすれば、投資基準を満たしている。年商7.57億ドルの同社は中規模企業の下位に属し、**図7.10**に示した売り上げと利益成長率の条件はそれぞれ12％、15％以上となっているため、いずれも投資基準をクリアしている。しかし、経営陣の成長持続能力の検討に移る前に、直近4四半期の売り上げ（および利益）伸び率をそれ以前の同期と比較するのも有益であろう。その目的は一時的な変動の影響をスムーズにすることにあるが、投資の初心者がマイナスの数字や基準よりもかなり低い数字を見つけたら、その企業の検討作業を直ちに中止してもよい。しかし、経験豊富なテクナメンタル投資家であれば、インターネットなどを通じて、なぜそうした業績悪化が起きたのか、その原因は短期のものなのか、長期のものなのかを調査すべきであろう。その問題が長期的な性質のものであれば直ちに検討を打ち切るべきだが、一時的なものであればさらに1～2四半期ぐらいはその推移を見守ってもよい。いずれにせよ、ある企業だけにこだわる必要はなく、投資銘柄は限りなく存在することを銘記すべきである。**図7.11**はABC社の四半期業績を示したものである（直近の四半期は2005年第1四半期、データは2003年第2四半期のものから順に表記している）。

図7.11　四半期ベースの業績

	四半期売上高					四半期1株利益				
	第2四半期	第3四半期	第4四半期	第1四半期	直近12カ月	第2四半期	第3四半期	第4四半期	第1四半期	直近12カ月
前年	156.6	161.0	184.3	176.7	678.6	.27	.28	.30	.30	1.15
今年	183.3	192.3	205.1	192.2	772.9	.32	.33	.37	.35	1.37
伸び率％	17.0％	19.4％	11.3％	8.8％	13.9％	18.5％	17.9％	23.3％	16.7％	19.1％

それによれば、ABC社の四半期ベースの売り上げ伸び率はやや低下傾向にあるのが分かる。四半期ベースの売上高には季節要因が大きく反映されるが、年間ベースの数字はそれほど大きく変動しない。各四半期に起きた一時的な出来事が再発する可能性は低いので、四半期の業績は年間（または直近12カ月）データほど重視しなくてもよい。ただし、ある四半期の業績低下は黄信号として受け取り、これまでのトレンドが本当に逆転したのかを確認するため、次の四半期の推移を見守る必要もあるだろう。一般に業績の落ち込みが警告と感じられないほどのものであれば、直近12カ月の数字にそれほど大きな変化はないはずである。

すぐにできる

企業の成長トレンドを読むには長期のデータを分析する必要があるが、パソコンがあればそうした作業も瞬時にできる。必要データをパソコンに入力すれば、その企業の成長の質が一目で分かるうえ、不適切なデータを除去した正しい成長率を知ることができる。

企業の質を評価する

- 質の高い投資適格企業の株式を適正な株価で購入する。
- 最初のテクナメンタル分析とは売上高と利益成長率の分析である。
- 対数成長チャートを使えば一定率の成長が直線で表示されるので、成長トレンドが一目で分かる。
- 成長ラインがまっすぐであれば、将来の方向も予測可能であり、そうした企業は投資候補に含めてもよい。
- 成長ラインが急勾配であるほど成長のスピードが速いので、そうした企業は有望な投資銘柄である。

●過去の正確な成長率を知り、将来の成長率を予測するには、不適切なデータを除去する必要がある。
●小規模企業には高い成長率が求められるが、安全性の高い大手企業はリスクが小さいだけやや低い成長率でも投資適格となる。
●業績トレンドに変化がないことを確かめるうえで、直近の四半期データをチェックする必要もある。
●こうした作業が手馴れてくれば、成長分析も簡単にできる。

　次章では成長の具体例について見てみよう。

第8章
成長の具体例
Variations on the Growth Theme

　本章に掲載したチャートはさまざまな成長パターンを示したもので、なぜこのチャートは良く、なぜ別のチャートは悪いのか、その理由を考えながら見てほしい。そうすれば自分でリサーチしているとき、それらと類似のパターンを見つけたとき、その意味が分かるようになるだろう。各パターンを暗記する必要はなく、それらのチャートから業績数字が予想できるようになれば（その逆も同じ）、その企業が投資候補になり得るのかも読めるようになるだろう。各チャートは理解しやすいように少し単純に誇張して描いてある。そうした典型例とその意味を説明したあと、実際の企業のチャートを掲載した。各チャートに引かれた薄い線はトレンドラインを示したもので、実際のヒストリカルな成長ラインである。

　本書のこの部分を執筆しているとき、私は「テクナメンタル（technamental）」という言葉を思いついた。私はテクニカルアナリストが大好きなチャートを引きながら、彼らがするように成長チャートの各パターンにそれぞれ別の名称を付けた。

　しかし、これらのチャート分析は次のような理由でテクニカル分析とは大きく異なっている。すなわち、われわれが見ているのは企業の業績チャートであって、株価や出来高のチャートではない。そこに

表された成長パターンは将来の業績を予測するためのものであり、株価チャートにこうしたパターンを読み取ることはできない。その目的は企業の一生で起こることを理解することにあり、短期の株価予測とはまったく別物である。この点が株価チャートとの大きな違いであり、こうしたアプローチを「**テクナメンタル**（technamental）」と名付けたのはファンダメンタルズ（fundamentals）のテクニカル分析（technical analysis）という意味からである。

チャート

　各チャートには上から売上高、税引前利益、1株当たり利益が描かれており、手作業でチャートを作成すればその他のデータ（発行済み株式数など）も追加できるだろうが、今必要なものはこの3つだけで十分である。大切なことは「税引前利益の成長率は売り上げ伸び率によって決まる」ということであり、売上高から製品やサービスのコストを差し引いたものが税引前利益である。そして「純利益の成長率（チャートでは表示していない）は税引前利益の成長率によって決まる」（税引前利益－税金＝純利益）。1株利益は純利益を発行済み株式数で割ったもので、「1株利益は発行株数によって決まる」。すなわち、発行株数が減少すれば1株利益は増え、発行株数が増加すれば1株利益は低下する。

　売上高と税引前利益のライン間の間隔で売上利益率の高低が分かる。この2ラインの間隔が広がると、売上高は増加したが、売上利益率が低下していることを示している（間隔が狭まれば、売上高の減少・売上利益率の上昇となる）。この2ラインの間隔から、1株利益の増減は売上利益率の変動か、それとも発行株数の増減によるものかが読み取れる。第7章でも指摘したように、基本的にはこれら3本のラインが上向きの直線でない企業はすべて除外するが、それらのラインの動

第 8 章　成長の具体例

図 8.1　右上がりの直線　　　図 8.2　循環パターン

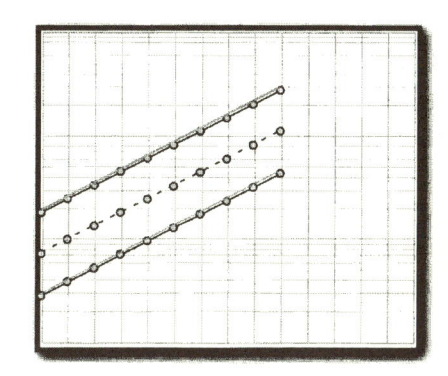

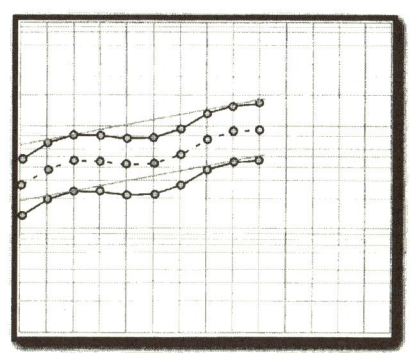

きやパターンについて詳しく調べるとおもしろい（これについては第13章で詳述する）。各チャートを分析するときは、売上高、税引前利益そして1株利益の関係を十分に読み取るべきである。

右上がりの直線（図8.1）

ポートフォリオに組み入れるすべての銘柄は、**図8.1**のようなチャートになっているのが理想である。これは線路のようにまっすぐな右上がりの平行線のパターンを持続する企業であり、すべての保有株がこのような企業であれば何も言うことはない。しかし、実際にはそうしたことはあり得ず、何らかの妥協を余儀なくされるのが現実であろう。上向きの急勾配であるほど安定度は高いが、多少のジグザグがあっても許容の範囲内である。一般に企業規模が小さいほど高い成長率が求められるが、そうした企業の将来のファンダメンタルズは予測が難しい。また、成長率の低い大企業の業績予想もかなり難しい。いずれにせよ、テクナメンタル投資の当初においては、原則として投資銘柄はこうしたパターンを描いている企業とすべきである。

循環パターン（図8.2）

　このパターンは実際には、その名が意味するほど厳密に循環的であるわけではない。私は循環型企業の代表が自動車メーカーであることから、このパターンにこの名称を付けた。厳密な循環型企業はジェットコースターのような成長ラインを示し、収益の上限と下限はほぼ同じ水準にある。このパターンの企業は好況期には不況期の減収を上回る好業績を上げる。われわれの投資法は景気の好不況を利用して相場のタイミングを計るものではないので、厳密な循環型企業は投資銘柄とはならない。しかし、**図8.2**に示した上昇傾向の企業は厳密な循環型企業とは異なり、循環パターンの上限を結ぶトレンドラインを引くとその違いがよく分かる。このトレンドラインが右上がりの急勾配であれば、その企業は長期的に大きなリターンをもたらすだろう。循環型の成長企業は景気の好不況を利用する優良企業であり、不況期に弱い競合企業を買収して次の好況期にはさらに発展するタイプである。投資の初心者は、この循環型の成長企業をほかの投資企業と特に区別する必要はないだろう。不況期の成長が横ばいかマイナスになれば警戒すべきであるが、そうした厳しい時期でも上向きの予測可能な傾向をたどり、また一定の成長率を下回らなければ、投資銘柄に加えてもよい。その場合は同じ業界の同業他社と比較検討して決定する。

弦のある弓（図8.3）

　このパターンは弓にように湾曲しているのですぐに分かる。全期間の成長を表すトレンドラインを引くと弦のようになる（**図8.3**の点線）。このパターンの企業は最初は急成長するが、そのペースは持続しない。同業他社よりも高い成長を持続する企業もあるが、同じ業界のすべての企業がそうしたパターンをたどることはない。このパター

図 8.3　弦のある弓　　　　図 8.4　弦のない弓

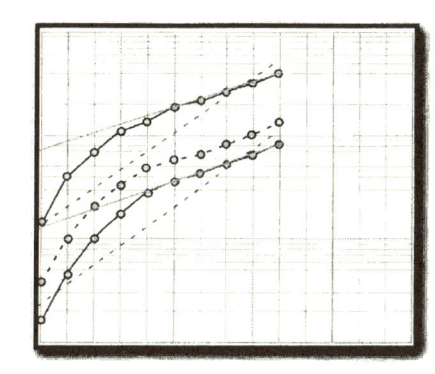

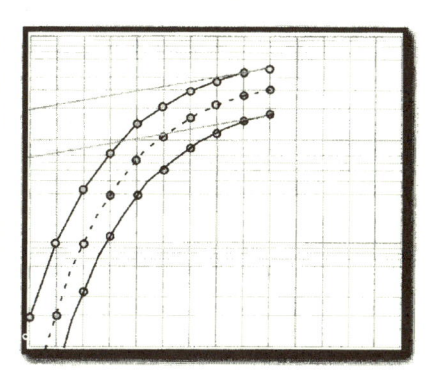

ンの企業は有望性もあるが、弦のトレンドでヒストリカルな成長率を測ってはならない。初期と直近の成長率に関連性はなく、初期の成長ラインが将来の成長率を示唆するものではない。最近の正確な成長率を見るには図に示したように、直近の成長率を結ぶトレンドラインを引く（薄い線）。直近5年間の成長率はほぼ直線で結ばれ、将来の成長率もこのライン近辺にあれば、それが持続的な成長率となる。

弦のない弓（図8.4）

その名が示すように、この弓ではまっすぐな弦を引くことができない。弦のある弓型の企業と同じように、このパターンの企業も初期の高成長がしばらく続いたあとに成長率は鈍化する。弦のある弓型パターンと異なるのは、それ以降の成長率が持続可能な一定の成長率に落ち着かないことである。全期間の成長率には一貫性がなく、直近の成長率を結ぶトレンドラインを引くことができないので将来の成長率を予測することができない。毎年成長率が鈍化しているので、こうした傾向は今後も続くと予想される。直近5年間の成長率を結ぶ想像上の

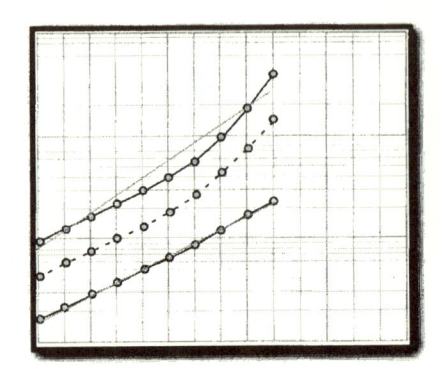

図 8.5　ロケット　　　　　図 8.6　停止した心電図

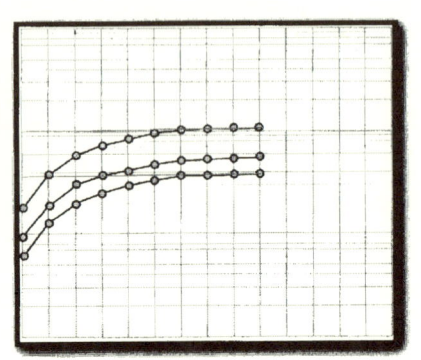

ラインを引いて将来の成長率を予想しようとしても、ヒストリカルなデータに一貫性がないので持続可能な成長率の予測はやはり不可能である。

ロケット（図8.5）

このパターンはロケットのように、打ち上げ以降にぐんぐん加速する。新製品の販売や新しい市場の開拓でこうした有機的な成長を遂げるケースはほとんどなく、その多くは他社買収による成長である。したがってこのペースの成長が今後も続くかどうかは予想できない。一般にこのような他社買収による高成長企業では、売上高と税引前利益は増加しているが、1株利益は低下する傾向がある。それは企業買収のときに新株を発行し、1株利益が希薄化されるからである。薄い線のトレンドラインは全期間のヒストリカルな成長率を表すが、直近の高成長率が今後も持続することはないだろう。したがって持続的な成長率は直近の期間ではなく、初期の成長率を結んだラインと解釈してもよい。いずれにせよ、こうした企業の将来の成長率を過大評価して

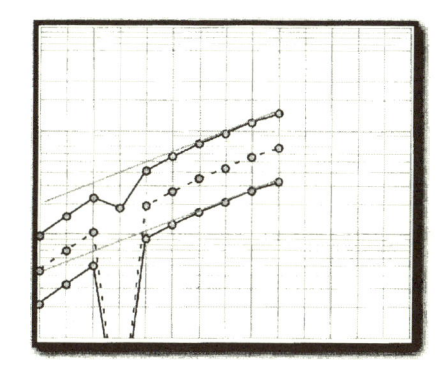

図 8.7　事故に遭った企業　　図 8.8　売り上げと利益がばらばらな企業

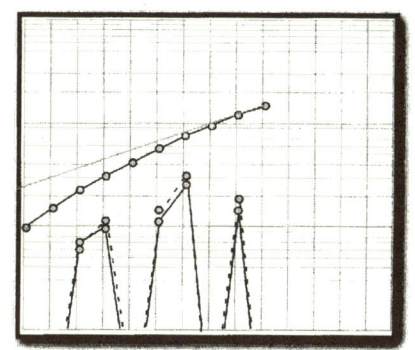

はならない。

停止した心電図（図8.6）

　この種の企業の鼓動は次第にゆっくりになり、まもなく停止してしまう。すなわち、売上高と利益の伸びは横ばいのままとなる。必ずしも赤字になるわけではないが、成長する可能性はまったくないので、こうした企業は投資対象から除外すべきである。インカムゲインの投資と割り切れば投資対象に含めてもよいが、グロース投資の対象外である。

事故に遭った企業（図8.7）

　一時期の業績不振を除けば何の問題もなく、それ以降もそれまでのトレンドが続く。一時的な業績の落ち込みはおそらく在庫調整の手違いなど会計上の問題によるもので、有能な経営陣であれば直ちに善処できるだろう。それが信頼できる企業であれば、そうした一時的な業

図8.9　破滅型

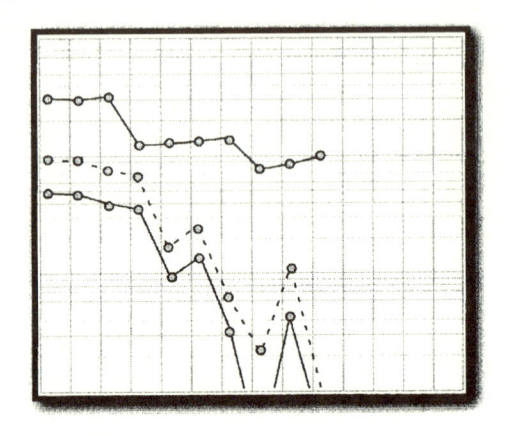

績不振のデータはアウトライアーとして除去してもよい。もっとも、そうしたデータを除去すると成長トレンドラインの勾配が低くなればそうすべきであり、逆にトレンドラインが急勾配になるようであれば除去しないほうがよい。また業績低下が直近4～5年に起こったときはその企業の検討作業をしばらく中止して、1～2年後に再び注目する。

売り上げと利益がばらばらな企業（図8.8）

売上高は順調に伸びているが、株主のために一貫した利益を上げていない企業で、新規公開のドットコム企業などがその典型である。売上高と利益にまったく関連性がないこうした企業は危険である。

破滅型（図8.9）

こうした企業について多くを語る必要はない。売上高、利益や1株

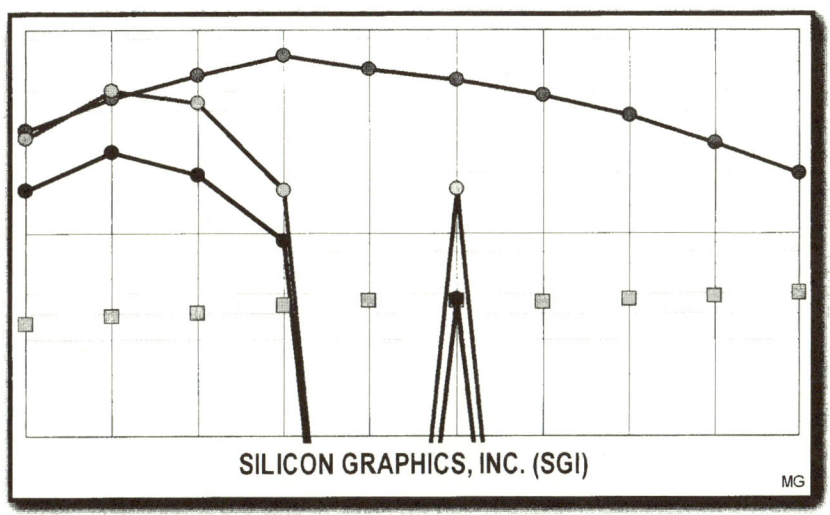

図8.10　シリコン・グラフィックス

SILICON GRAPHICS, INC. (SGI)

年	1994	1995	1996	1997	1998	1999	2000	2001	2002	2003
売上高	1537.8	2228.3	2921.3	3662.6	3100.6	2749.0	2331.5	1854.5	1341.4	961.7
税引前利益	198.6	338.7	292.0	108.9	(391.4)	110.6	(279.0)	(364.1)	(37.8)	(125.9)
EPS	0.85	1.32	1.01	0.47	(1.46)	0.25	(3.96)	(2.06)	(0.01)	(0.50)
発行株数	144.3	156.4	162.7	175.5	186.1	186.4	183.5	190.3	195.0	201.4

利益のどれを取っても下降トレンドにあり、検討にも値しない企業であり、直ちに切り捨てるべきである。

実例

これまで見てきた企業のパターンを実際に応用するため、以下ではいくつかの現実の企業を取り上げて検討する。各企業のチャートを以上のパターンと比較し、私と同じ結論が出るかどうかを確認してほしい。各図にはチャートのほかに業績データも掲載した。

図 8.11　クロニメッド

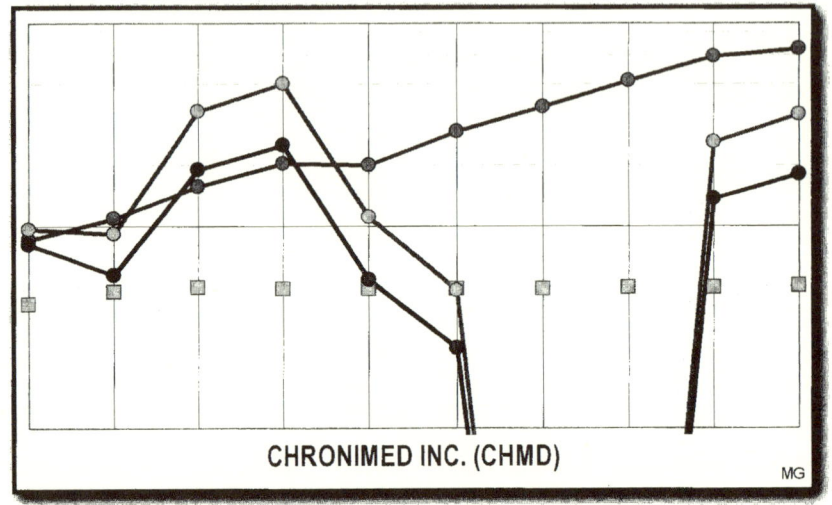

年	1994	1995	1996	1997	1998	1999	2000	2001	2002	2003
売上高	49.0	62.5	90.5	117.2	115.6	168.6	222.5	297.9	397.4	435.7
税引前利益	2.2	2.1	8.3	11.4	2.5	1.1	(3.8)	(7.0)	5.9	8.0
EPS	0.18	0.13	0.42	0.56	0.12	0.06	(0.03)	(0.37)	0.30	0.40
発行株数	10.1	11.7	12.2	12.0	12.0	12.1	12.1	12.2	12.3	12.4

シリコン・グラフィックス（コンピューター）

　直近 6 年間の売り上げ伸び率は明らかに低下傾向にあり、利益は 1995 年に増益になったものの、それ以降の 2 年間は減少している。1999 年はかろうじて黒字になったが、それ以降は赤字続きである。売り上げと利益のどれを取っても今後回復する見込みはなく、こうした企業を検討しても無駄である。このパターンは明らかに破滅型の企業である。

クロニメッド（専門治療マネジメントサービス）

　売り上げと利益がばらばらな企業の好例で、一時期（1998 年）を除いて売上高は一貫して増加しているが、税引前利益や 1 株利益はばら

図8.12 NVR

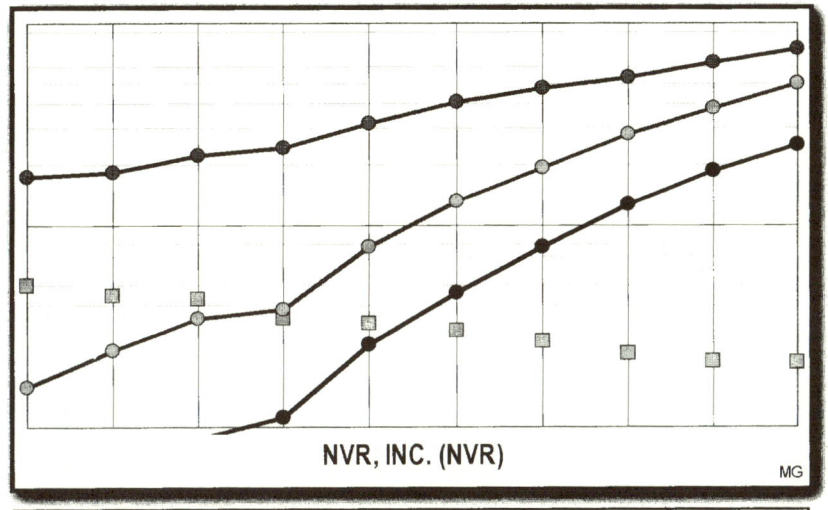

年	1994	1995	1996	1997	1998	1999	2000	2001	2002	2003
売上高	854.5	901.8	1076.7	1188.3	1559.8	2006.7	2316.4	2623.8	3136.3	3687.2
税引前利益	22.2	33.4	48.7	53.9	110.4	185.2	272.6	394.7	536.0	704.7
EPS	0.53	1.07	1.70	2.18	4.97	9.01	15.30	24.86	36.05	48.99
発行株数	17.1	15.3	14.6	11.8	11.1	10.2	9.1	7.9	7.3	7.1

ばらである。経費を抑えて経営の舵取りをうまくしないと、株主が保有したいと思うような健全な企業にはならないだろう。

NVR（住宅建設・販売）

弦のない弓型パターンで、売り上げ伸び率は約20％と安定し、税引前利益と1株利益はそれ以上のペースで伸びている（しかし、そのペースは次第に鈍化している）。これは経営効率が改善している証拠であり、売上利益率は年を追うごとに向上しており、投資候補として今後もフォローすべき企業である。おそらく将来の予想成長率も許容範囲内に収まるだろう（第10章を参照）。

図8.13 ニューヨーク・コミュニティー・バンコープ

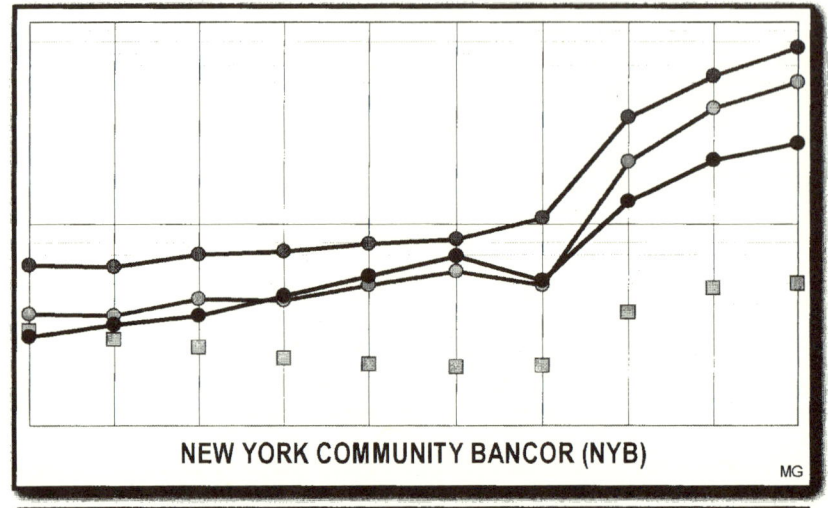

NEW YORK COMMUNITY BANCOR (NYB)

年	1994	1995	1996	1997	1998	1999	2000	2001	2002	2003
売上高	55.3	54.8	62.0	64.7	71.1	73.8	94.7	296.4	475.1	669.0
税引前利益	32.3	31.9	38.7	37.6	45.1	52.4	45.4	183.7	336.0	455.1
EPS	0.17	0.19	0.21	0.27	0.33	0.42	0.32	0.79	1.25	1.52
発行株数	111.3	100.1	92.8	81.8	76.3	74.1	75.4	136.4	180.9	189.8

ニューヨーク・コミュニティー・バンコープ（銀行）

　一時期のわずかな落ち込みを除いて、成長率は右肩上がりを続け、発射台からロケットが打ち上げられたような形になっている。業績のトレンドラインはすべて右上がりで、仮に弓の弦を引けば上方に突き抜けてしまうだろう。典型的なロケット型のパターンである。こうした高成長は主に企業買収によってもたらされたもので、自社の有機的成長だけでこのペースを維持するのは困難である。同行は別の銀行（リッチモンド・カウンティ・フィナンシャル）と対等合併し、両銀行の持ち株会社となった。これによって大幅な増収増益になったが、合併によって発行済み株式数が増えて1株利益は少し希薄化した。一般に企業が合併すると売上高は急増するが、合併に伴う新株の発行で

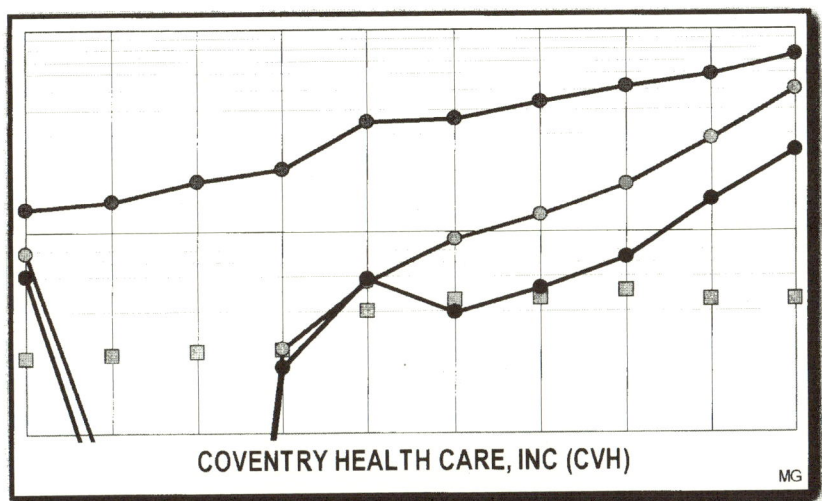

図8.14　コベントリー・ヘルス・ケア

COVENTRY HEALTH CARE, INC (CVH)

年	1994	1995	1996	1997	1998	1999	2000	2001	2002	2003
売上高	776.6	852.4	1057.1	1228.4	2110.4	2162.4	2604.9	3147.2	3576.9	4535.1
税引前利益	60.7	3.8	(74.4)	20.3	44.0	71.7	93.6	134.7	225.7	393.1
EPS	0.66	0.03	(1.05)	0.23	0.63	0.44	0.57	0.82	1.59	2.76
発行株数	45.8	47.3	49.2	49.8	78.7	88.5	89.3	97.5	88.8	88.1

1株利益は大幅に低下する。合併による高成長は長くは続かず、また合併に伴うさまざまな問題を抱えるので、こうした企業には注意が必要である。

コベントリー・ヘルス・ケア（医療サービス）
　こうした事故に遭ったようなパターンの企業は有望な投資銘柄となる。2年間の業績低下があるが（1999年を含めると3年間）、それ以降は順調に業績を伸ばしている。その間にいくつかの企業を買収し、売り上げから安定して利益を出している（税引前利益を見るとそのことがよく分かる）。

図8.15　レッグ・メーソン

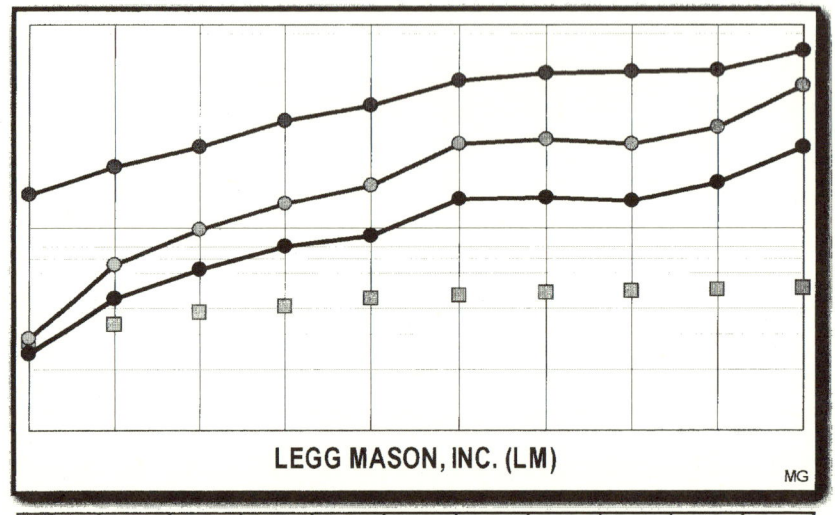

LEGG MASON, INC. (LM)

年	1995	1996	1997	1998	1999	2000	2001	2002	2003	2004
売上高	389.1	533.3	664.6	889.1	1070.7	1399.6	1536.3	1548.9	1586.3	2004.3
税引前利益	27.7	64.6	96.2	128.4	156.8	254.4	265.8	251.1	306.9	489.8
EPS	0.39	0.73	1.02	1.31	1.49	2.27	2.30	2.22	2.76	4.11
発行株数	36.9	44.3	51.1	54.4	59.5	61.9	63.8	65.2	66.0	66.9

レッグ・メーソン（証券・投資銀行）

循環パターンの好例で、収益ラインは波動トレンドを描いている。景気サイクルに応じて収益はジグザグな形をしているが、そのトレンドは右上がりになっている。こうした景気循環型の企業は最近や初期の成長トレンドから将来の成長率を予測することはできない。この種の企業を投資銘柄に含めるときは、収益サイクルの上限を結んで将来のトレンドを予想すべきである。

以上、実際の企業の典型的なパターンを見てきたが、こうしたパターンを数多く見ることによって、良い企業と悪い企業を選別する目が肥えていくのである。

企業の成長チャート

●企業の成長チャートから投資の有望性などが読み取れる。
●有望な投資企業はすぐに分かる。
●投資銘柄から除外する企業を見つけるのはもっと簡単である。
●経験を積めば、その成長チャートを一目見ただけで、その企業の将来とそうなる理由が予測できるようになる。

第9章

経営陣の成績表
Management's "Report Card"

　投資候補企業が成長率の基準をクリアしたら、次のステップはその企業の経営効率性を検討する作業である。過去にいくら立派な実績を残していても、それが今後も持続するという保証はない。経営陣には利益を生み出す2つの源泉がある。そのひとつはその期の売上高、もうひとつは株主が払い込んだ資金と過年度の利益を積み立てた剰余金などの株主資本である。投資の初心者が関心を示すのは売上高のほうであろう。株主資本は特別な状況下では有効な利益創出源になるが、経営陣の成績表にとってそれほど重要ではない（株主資本については第13章で検討する）。

売上利益率

　製品やサービスを販売・提供してどれくらいの利益を上げているのかという経営効率性の大きな目安が売上利益率である。その場合、税金は経営陣がコントロールできないので税引前利益がベースとなる。売上利益率とは売上高から各種コストを差し引いた税引前利益を売上高で除したものである。例えば、1億ドルの売上高の企業が税金を除く9000万ドルの各種コストをかけたときの売上利益率は10％になる。

1億ドル（売上高）－9000万ドル（各種コスト）＝1000万ドル（税引前利益）

1000万ドル÷1億ドル＝10％（売上利益率）

　この比率が大きいほど、その企業の経営効率性は高い。その企業の経営効率性は毎期の売上利益率のトレンドを見れば一目で分かる。

　例えば、小型装置や容器を生産・販売する大手企業のABC社の売上利益率は、平均して約30％であるとしよう。この数字は同業他社の利益率と比較して初めて意味を持つうえ、その数字自体は売上利益率のトレンドほど重要ではない。一方、ある食品販売会社の売上利益率が4％ほどであっても、薄利多売のこの業界の平均売上利益率がわずか2％であることを考えると、この企業の経営効率性はかなり高いことになる。他方、コンピューターソフト業界の25％という売上利益率はけっして楽な数字ではない。この業界では優秀な人材を集める経費はかなりの金額に上り、また新しいソフトの開発コストも膨大な額に達するからだ（ソフト製品の販売コストはそれほど多くはない）。知的商品を扱うこの業界の企業と有形の製品を扱う製造会社の売上利益率を比較することはできない。売上利益率を見るときに大切なことは、まず第一にそのトレンド、次は利益率の安定さである。もしも売上利益率が毎年下降していれば、それは経営陣がうまく経営の舵取りをしていない証拠である。そうした企業では各種コストが上昇し、経営陣がそれを適切に管理できない状況にある。

　売上利益率の推移を見ればそのトレンドが分かる（**図9.1**を参照）。特に直近1～2年の数字が過去5年間の平均よりも高ければ、その企業の利益率は上昇トレンドにある（直近の数字が過去5年間の平均値を0.5％ほど下回っても、それ以上に低下しなければそれほど心配する必要はない）。売上利益率をチャートに表せば、そのトレンドは一

図9.1　ABC社の売上利益率

| Pretax Margin (%) | 27.0% | 27.9% | 27.8% | 28.1% | 28.7% | 27.6% | 28.0% | 29.2% | 31.3% | 30.3% |
| Return on Equity (%) | 31.0% | 29.9% | 27.3% | 23.4% | 22.1% | 21.2% | 20.4% | 22.3% | 22.1% | |

図9.2　ABC社の売上利益率チャート

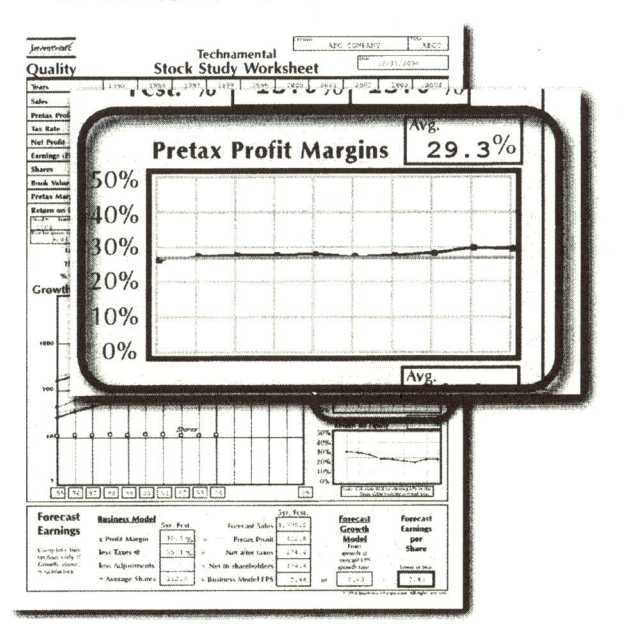

Pretax Profit Margins　Avg. 29.3%

目瞭然である(**図9.2**を参照)。それを見ると、ABC社の売上利益率のトレンドは緩い右上がりで上昇している。会社専用機の購入や本社ビルの新設などで売上利益率が低下するケースは少なくない。そうしたことが長期的なメリットをもたらすこともあるが、一歩間違えると売上利益率の足を大きく引っ張ることになる。

図9.3 ミダスの売上利益率は低下

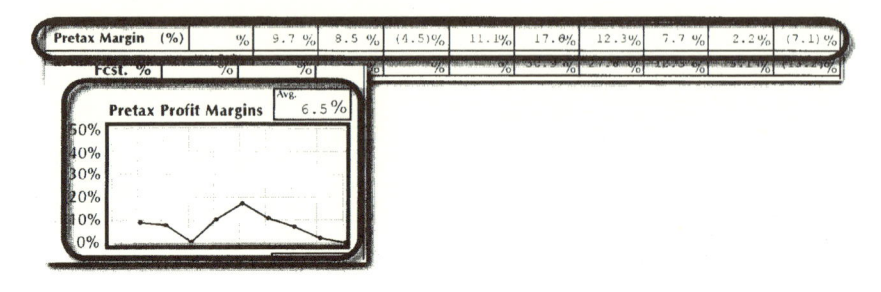

Pretax Margin (%)		%	9.7 %	8.5 %	(4.5)%	11.1%	17.0%	12.3%	7.7 %	2.2 %	(7.1)%

Pretax Profit Margins　Avg. 6.5%

　図9.3は過去10年間のミダス（自動車修理サービス大手）の売上利益率の推移を示したもので、同社はお馴染みのミダス・マフラーから始まり、今では世界規模に業容を広げている。この業界の売上利益率は15％前後であるが、同社の利益率トレンドは4年前に反転したあと、それ以降は低下し続けている（昨年はついに−7.1％になった）。こうした企業のスクリーニングは直ちに打ち切るべきである。

　ところで、横ばいのトレンドも上昇トレンドと同じく悪いものではない。その企業が効率経営を続け、同業他社並みか、それ以上の利益率を上げていれば、無理なコスト削減策などは実施しないほうがよい。一方、売上利益率が向上している企業でもまだ改善の余地が大幅に残されているならば、最大限の効率経営を続ける企業よりは見劣りする。経験を積んだ投資家であれば、売上利益率のトレンドが多少低下してもまだリサーチを継続してもよいが、投資の初心者はそうした企業については直ちに検討をやめるべきだ。

実例

　上場企業は1万社以上あるが、そのなかで長期投資の対象となるのはほんの一握りの企業である。これを逆に言えば、ICLUBセントラ

ル社（http://www.iclub.com/support）の「優良企業の完全リスト」などを参考に、テクナメンタル投資基準をクリアするような企業を辛抱強く探さなければ、有望な企業はそう簡単には見つからないということである。こうしたことを事前に承知していないと、投資不適格企業ばかりが続いてスクリーニング作業が嫌になってしまうだろう。または投資基準を甘くして不適格な企業も投資候補に含めると、結果的には大きな損失を被ることになる。所有するのは10～20社の優良企業だけであり、そうした企業を辛抱強く探すことである。

以下には、少なくとも過去5年間の成長率がわれわれの投資基準をクリアした48社を参考までに掲載した。ただし、企業の質と株価について自分自身の投資基準をクリアしないかぎり、これらの株式を買ってはならない。執筆時点以降に業績が悪化した企業もあるだろうし、また企業の質が引き続き悪くなくても株価が高すぎる企業もあるだろう。単に企業の質だけを基準にこれらの企業を選択したので、株価についてはまったく考慮していない。これらの企業のなかにはお馴染みの伝統的な企業もあれば、まったく無名の企業もある。しかし、これらはすべて主要証券取引所で5年以上にわたって取引され、売上高も1億ドル以上の企業ばかりである。**図9.4**はこれらの企業の成長ラインを示したものである。これらの企業の選別には信念を持って当たるべきだ。広大な海には無限の魚がいるが、勝ち組よりは負け組企業のほうがはるかに多いからである。

企業の質の評価

投資銘柄に含めるには次の2つの基準をクリアしなければならない。

1．**成長率**　投資資金を5年で倍増できるほど高い売上高と利益を上げ、そのトレンドを将来的にも持続する。

ACS	アフィリエーテッド・コンピューター・サービシーズ	CBH	コマース・バンコープ
APOL	アポロ・グループ	COCO	コリンシアン・カレッジズ
AJG	アーサー・J・ギャラハー	EXBD	コーポレート・エグゼキュティブ・ボード
AXP	アクスカン・ファーマ	CVH	コベントリー・ヘルス・ケア
BLL	ボール		
OZRK	バンク・オブ・ザ・オザークス	DHI	DRホートン
BZH	ビーザー・ホームズUSA	EBAY	イーベイ
BBBY	ベッド・バス&ビヨンド	EDMC	エデュケーション・マネジメント
BMET	バイオメット	EASI	エンジニアド・サポート・システム
BFAM	ブライト・ホライゾンズ・ファミリー・ソリューションズ	FSH	フィッシャー・サイエンティフィック・インターナショナル
BRO	ブラウン&ブラウン		
CAI	CACIインターナショナル	FRX	フォレスト・ラブズ
CTX	センテックス	GDW	ゴールデン・ウエスト・フィナンシャル
CAKE	チーズケーキ・ファクトリー	HMA	ヘルス・マネジメント・アソシエーツ
CHS	チコズFAS	HIBB	ヒベット・スポーティング・グッズ
CTSH	コグニザント・テクノロジー・ソリューションズ	HCG	ホーム・キャピタル・グループ

HOTT	ホット・トピック	LOW	ローズ
HNP	華龍国際電力	MDT	メドトロニック
INFY	インフォシス・テクノロジーズ	NVR	NVR
IGT	インターナショナル・ゲーム・テクノロジー	ORLY	オーレイリー・オートモーティブ
ESI	ITTエデュケーショナル・サービシーズ	PDCO	パターソン
		PHM	パルト・ホームズ
KNGT	ナイト・トランスポーテーション	RYAAY	ライアネア・ホールディングズ
LLL	L3コミュニケーションズ・ホールディングズ	POOL	SCPプール
LNCR	リンケア・ホールディングズ	SBUX	スターバックス
		WTFC	ウィントラスト・フィナンシャル

2．経営効率性　業界平均より高い売上利益率を安定して上げ続ける。

　必要なデータとテクナメンタル投資チャートを手元に置けば、投資基準をクリアする企業は簡単に見つかるだろう。売上高と利益の成長率、そして売上利益率のトレンドが右上がりの企業を探せばよい。その場合、株価が安いからといって基準を甘くしてはならない。投資基

図 9.4　優良企業の成長チャート

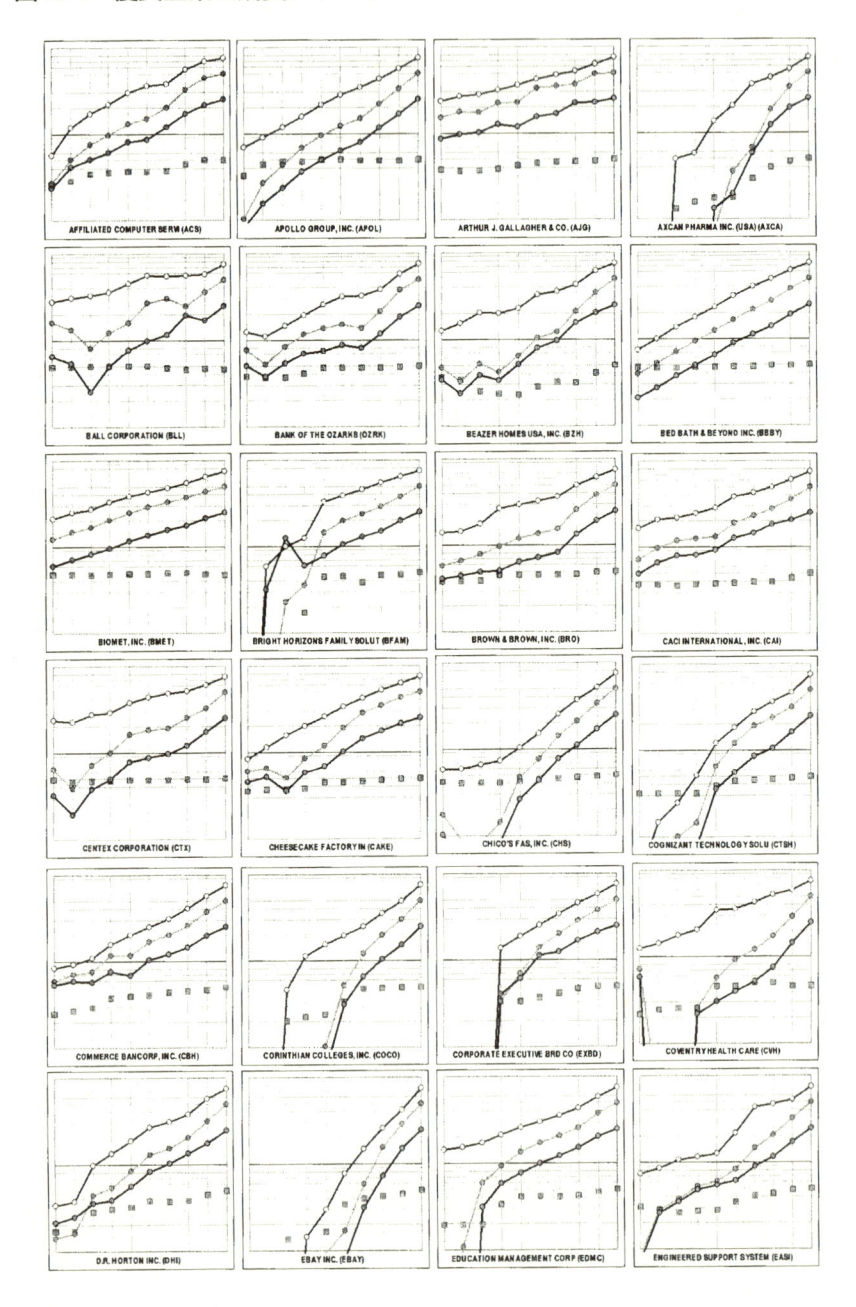

第9章 経営陣の成績表

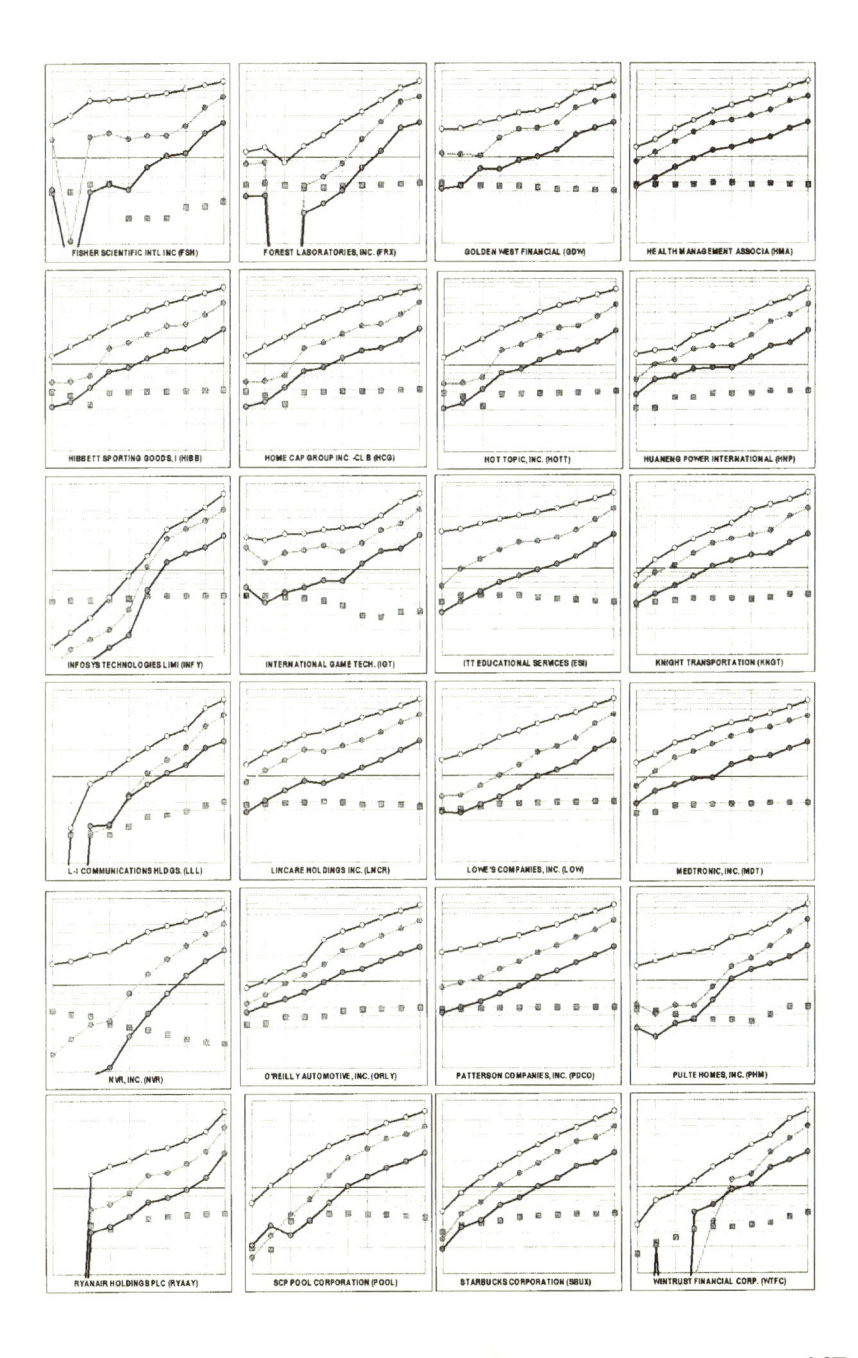

準をクリアしない企業は直ちに除外する。次章では適正な株価について検討しよう。

第10章
株価を評価する
Evaluating the Price

　以上で企業の質を評価するという最も重要なプロセスの検討を終了したが、ここでひとつの疑問点が生じる。それは優良企業の株式を高値で買うのは、業績不振企業の株式を割安な値段（であると思った価格）で買うよりもよいのだろうか。その答えは、優良企業の質的基準を満たしていない企業の株式はそれがどれほど割安な値段にあっても、常に割高であるということである。これまで検討してきた企業の質の問題と、以下で考察する株価の問題ははっきりと区別して考える必要がある。企業の質ということを問題にしなければ、割安な株式だけに目が向いてしまうだろう。そこでこの株価の問題を理解しやすくするために、以下ではグラフを使って視覚的に説明する。

　株価について、「その企業の業績が悪いほど、株価は割安に見える」という事実を考えてほしい。その企業の業績が不振であれば（すなわち、経営陣の舵取りがうまくいかなくて売上高や利益の伸び率が鈍化・低下すれば）、その株式を売りたいという投資家が増えて株価は下落し、その株価はかなり割安に見えるようになる。もしも業績不振という事実を考慮しないで株価だけに注目するならば、バーゲン価格で株式を買えるかもしれないが、その動機はあまり健全なものではない。本章で検討する適正な株価に関するすべての基準は特に重要で

あり、この基準に照らして株式を購入すべきである。

　最も大切なポイントは、企業の質を無視したり、軽視してはならないということである。企業の質的条件を問題にしないで株価だけを見ても、それは報われないばかりでなく、企業の健全性を見る目も曇ってくる。「疑わしきは捨てろ」のポリシーを堅持すべきである。株価を評価するには「ヒストリカルなバリューレシオ（Historical Value Ratio＝HVR）」と「リスクインデックス（Risk Index）」と呼ばれる指標があるので、以下ではこれについても詳しく説明する。

株価評価のプロセス

　優良企業の条件を満たす企業だけについて株価を評価するが、それではどのようにして適正な株価を知るのだろうか。これまで説明してきたほかのプロセスと同様に、この作業もそれほど難しいものではない。長期投資家としてのわれわれの目標は、時間の経緯とともに価値が増大し、5年で投資資金が2倍になるようなポートフォリオを組成することである。そのためには長期のスパン、すなわち5年先までの期間を視野に入れて物事を考える必要がある。ここでは株式市場の目先の変動はまったく無視し、株価上昇の原動力となる将来の利益成長率に注目する。

　図10.1は1999年7月1日～2000年6月30日のベッド・バス＆ビヨンドの週足を示したもので、縦線はその週の値動き、頂点は高値、底は安値、小さな横線はその週の終値を表している。このチャートを見て最初に気づくのは、値動きがかなり大きいことである。1年間に平均値の上下50％ほど変動する株式は珍しくないが、短期のトレーダーはこうした株の1日や1時間ごとの動きに一喜一憂するだろう。もしもこの株を2000年1月の最安値（11.00ドル）で買い、それを3週間後の年初来の高値（22.75ドル）で売却できれば、そのキャピタルゲ

第10章　株価を評価する

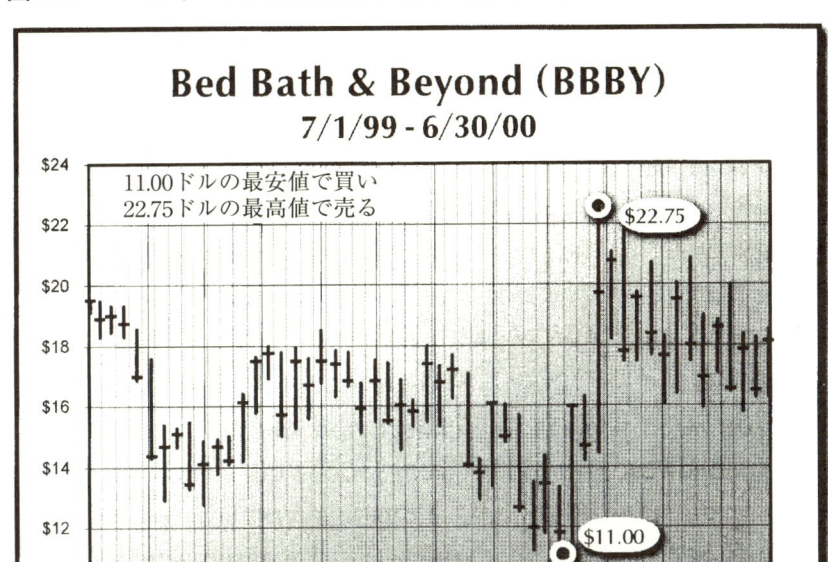

図10.1　ベッド・バス&ビヨンドの1年チャート

Bed Bath & Beyond (BBBY)
7/1/99 - 6/30/00

11.00ドルの最安値で買い
22.75ドルの最高値で売る

$22.75
$11.00

インは11.75ドル（107％）にも達する。しかし、そうした安値で買える確率は限りなくゼロに近く、この年の初めにベッド・バス株を買い、年末に売ってもマイナスになる。また、この安値・高値を除くどの時期で購入・売却してもそれほど利益にはならない。それほどまでに株価の動きは予測が難しい。

しかし、次のこの株式の動きを別の観点から見てみよう。5年間のチャートを示した**図10.2**を見ると、週間の変動はほとんど問題とはならない。そうした動きは大きなラインに吸収され、そのトレンドは不規則ながら明らかに右上がりとなっている。ここでは1時間足や週

図 10.2　ベッド・バス&ビヨンドの5年チャート

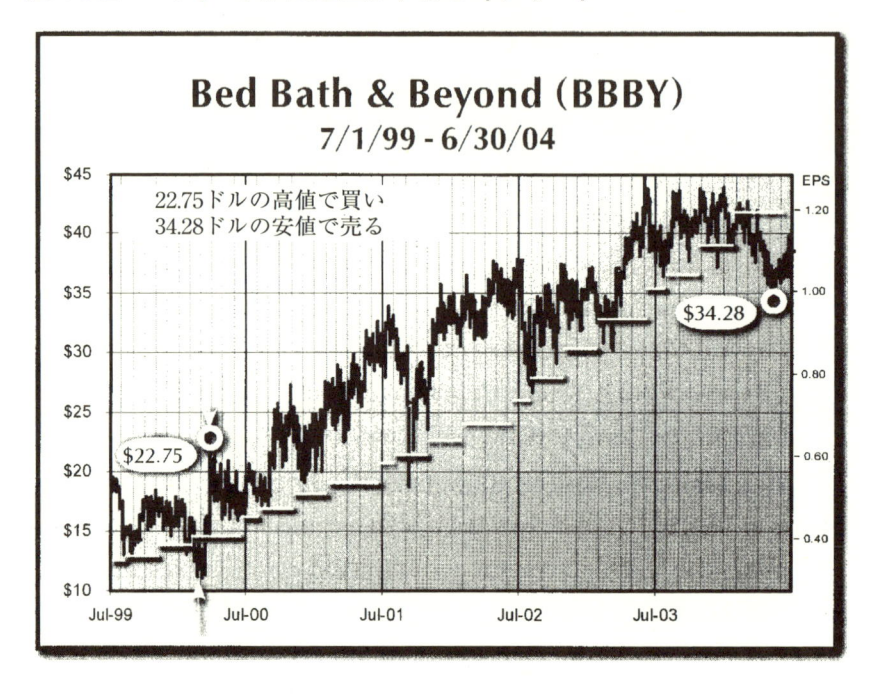

Bed Bath & Beyond (BBBY)
7/1/99 - 6/30/04

22.75ドルの高値で買い
34.28ドルの安値で売る

$22.75
$34.28

足は何の意味もなく、長期のトレンドだけが問題となる。株価の下に記した白い横線は1株当たり利益を表し、長期の株価と1株利益のトレンドはほぼ並行して上昇している。株価よりも重要なのは利益の推移であり、しかも株価の原動力となる利益は長期的に見るとかなり予測が可能である。

　もしもこの株式を2000年3月の年初来の高値（22.75ドル）で買い、それを2003年11月の年初来の安値（34.28ドル）で売却しても、年複利8.5％以上のリターンとなっている。これを見ても分かるように、大切なことは優良企業に長期投資することであり、買値の高安はそれ

ほど問題とはならない。そして買値の適正価格が分かれば、損失を出すことはほとんどなくなるだろう。ベッド・バス株の1999年の平均株価（16.47ドル）で購入し、それを5年後の平均株価（39.93ドル）で売却すれば、その年複利リターンは20％に達する。それでは適正価格について検討しよう。

リターンとリスク

株価を評価するときに考慮するのは、実現可能なリターンとそれに伴う潜在的リスクである。実現可能なリターンが潜在的リスクに見合っていれば、その株価は適正な水準にある（そうでなければ、その水準になるまで待つべきである。株価は常に変動しているが、多くの株式はいつかは適正な株価となる）。実現可能なリターンを算出するには、株価がどこまで上昇するのかを予想しなければならない。そのためにはヒストリカルなデータをもとに今後5年間の1株利益を予想し、そこから適正なPER（株価収益率）を予測する。この2つの予想値から実現可能なリターンを得るための高値を推測する。

潜在的リスクを評価するときも実現可能なリターンを予測するプロセスと同様に、今度は最低予想1株利益と同PERから将来の最安値を予想する。リスクインデックスから計算した実現可能なリターンが潜在的リスクの3倍以上になっていれば、その株価は適正な水準にあると予想される。こうした計算を手作業で行うとかなり複雑であるが、パソコンを使えば極めて簡単である。

実現可能なリターンの計算

実現可能なリターンは次の順序で計算する。

1．予想PER
2．予想1株利益
3．予想最高値
4．5年後に株価がこの高値に達したときの予想リターン

予想PER

まず最初に、投資家がその企業の株式に対して最も楽観的になったときの株価（各年の最高PER）と最も悲観的になったときの株価（最低PER）を調べる。

アウトライアーの除去

しかし、そうしたヒストリカルなPERデータから結論を引き出す前に、成長率を分析したときと同様に、アウトライアー（不適当な数値）を除去しなければならない。そうした数値とは株価が高値を付けた年の異常に低い1株利益、または利益水準を反映しているとは思われない異常に高い株価のどちらかである。パソコンを使えば、ヒストリカルな最高・最低・平均PERなどの数値は簡単に入手できる。

不適当なPERを除去するには、最高・最低PERの平均値と異常にかけ離れている数値を取り除けばよい。図10.3を見ると、1996〜1997年の最高PER（90.0と66.3）と最低PER（22.5と30.0）はほかの数字とかなりかけ離れている。ただし、すべての企業のデータが図10.3のように一目で分かるわけではなく、PERがかなり高いという理由だけでそうした数値をすべて除去してはならない。多くの企業のヒストリカルなデータにアウトライアーはあまり存在しないからである。

ヒストリカルなPERデータのアウトライアーを見つけるにはチャートが有効である。図10.4を見ると、ほかの数値から異常にかけ離れているアウトライアーは一目瞭然である。ドットで表した最高・最

図 10.3 ABC 社のヒストリカルな 1 株利益・株価・PER

ほかの数字とかけ離れているPERを除去する

Value										Company ABC COMPANY	Ticker ABCC
Earnings	.27	.36	.46	.56	.61	.69	.82	.94	1.11	1.32
High Price	9.70	32.40	30.50	16.50	14.30	19.90	20.60	27.00	41.20	45.80
Low Price	4.90	8.10	13.80	8.40	9.00	13.10	12.50	14.30	23.60	24.60
High P/E	35.9	90.0	66.3	29.5	23.4	28.8	25.1	28.7	37.1	34.7
Low P/E	18.1	22.5	30.0	15.0	14.8	19.0	15.2	15.2	21.3	18.6
Average P/E	27.0	56.2	48.2	22.2	19.1	23.9	20.2	22.0	29.2	26.6
Years	1995	1996	1997	1998	1999	2000	2001	2002	2003	2004

図 10.4 ABC 社の PER チャート

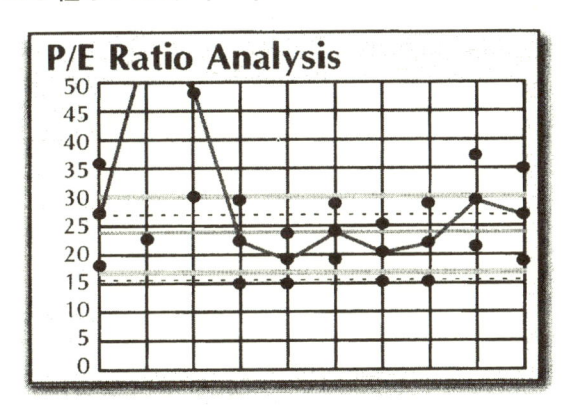

P/E Ratio Analysis

低・平均PERはトレンドを描いている。バンドの上限・下限線は最高・最低PERの平均値、バンドの真ん中は平均PERである。将来の予想最高・最低PERもこのバンド内に収まるだろう。一部のソフトではPERのアウトライアーを発見・除去する代わりに、すべてのPER数値の中央値を平均PERのデフォルト値としている。これは一連の数値の中央値を使うという統計的手法であり、単にすべてのデータを高い順

から並べてその真ん中の数値を採用している（データにむらがないときは、最大値と最小値の真ん中を取る）。最大値と最小値が少しかけ離れた数値であっても、全体的な結果にそれほど大きな影響はないだろう。

ヒストリカルなバリューレシオ（HVR）

アウトライアーを除いたデータからヒストリカルな最高・最低PERの平均値を算出したあと、そこから現在の適正株価を予想するときに役立つのがヒストリカルなバリューレシオ（HVR）である。第4章で各産業の企業には標準的なPERがあると述べた。これは株価がそのPERに近づくと投資家の買いが入るからであろう。企業の成長率が鈍化したり、または企業規模が大きくなるとその代表的なPERは少し低下するが、それでも重大な経営問題などがないかぎり、株価はその近辺に落ち着くものである。この標準的なPERよりも高い価格や安い価格で株式を買うと、その後株価がその水準に落ち着くと利益や損失となる。

標準PERの近似値を求めるには、不適当な数値を除去した残りのデータのヒストリカルな最高・最低PERの平均値を算出する（**図10.5**を参照）。多くのデータを使えばそれだけ数字のむらもならされるので、標準PERの数値の信頼性も高くなる。最近の株式バブル期ではかなり高いPERまで株式が買われたので、古いデータも加えるとより正確な標準PERが算出されるだろう。（1996〜1997年の不適当なデータを除く）ABC社の過去10年間の平均PERは約23.8倍である（そうしたデータも含めると29.5倍）。この標準PERを現在のPERと比較することによって、ヒストリカルな適正株価に照らした現在の株価の割安・割高度が分かる。こうした比較の基準となるものがヒストリカルなバリューレシオ（HVR）である（NAICのインストラクターは「レラティブバリュー（Relative Value＝RV）」と呼んでいる。過去5年間の

図10.5 ABC社の標準PER

	1996	1997	1998	1999	2000	2001	2002	2003	2004
High P/E		35.9	90.0	66.3	29.5	23.4	28.8	25.1	28.7	37.1	34.7
Low P/E		18.1	22.5	30.0	15.0	14.8	19.0	15.2	15.2	21.3	18.6

平均最高PER	平均最低PER		現在の株価	÷	直近12カ月の1株利益	=	現在のPER
30.4	17.2		32.00	÷	1.37	=	23.4

（アウトライアーを除く）ヒストリカルな平均PER＝標準PER　23.8

図10.6 ヒストリカルなバリューレシオ (HRV) の計算

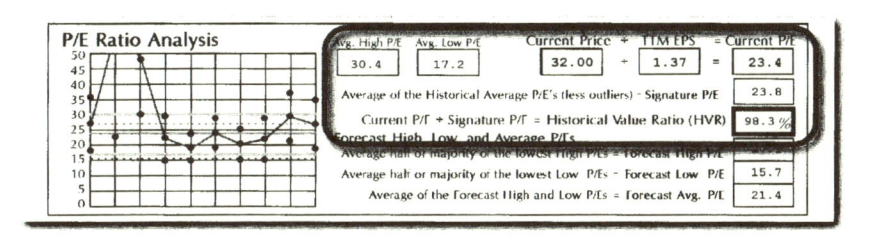

Avg. High P/E	Avg. Low P/E		Current Price	÷	TTM EPS	=	Current P/E
30.4	17.2		32.00	÷	1.37	=	23.4

Average of the Historical Average P/E's (less outliers) = Signature P/E　23.8
Current P/E ÷ Signature P/E = Historical Value Ratio (HVR)　98.3 %
Forecast High, Low, and Average P/Es
Average half or majority of the lowest High P/Es = Forecast High P/E
Average half or majority of the lowest Low P/Es = Forecast Low P/E　15.7
Average of the Forecast High and Low P/Es = Forecast Avg. P/E　21.4

ヒストリカルなPERの計算で使用するHVRとRVはほとんど同じであるが、私はHVRのほうを使っている）。

パソコンを使えば簡単にHRV（またはRV）を求められるが、手作業で計算するには現在のPER（現在の株価÷直近4四半期の1株利益）を標準PERで割る。すなわち、ABC社の現在のPERは23.4（32.00ドル÷1.37ドル＝23.4）、これを標準PER（23.8）で割るとHRV（またはRV）は98.3%となる。これは現在の株価がヒストリカルな平均PERの株価よりも少し割安な水準にあることを意味し、ほぼ妥当な価格である。HRVが100%前後の水準で優良企業の株式を購入すれば、それはヒストリカルな適正株価で買ったことになる。

しかし、HRVが100%よりもかなり高い、または低いときはどのよ

うに対処すればよいのだろうか。HRVが100％をかなり下回っているということは、その企業が自分の知らない何か悪材料を抱えているのかもしれない。その株式が標準PERよりも安く売買されているのは、そのうち何か悪いニュースが報道されるのか、それともアナリストが将来の予想利益を下方修正するのか。または株価の評価に移る以前に、その企業の質的評価作業に重大な間違いがあったのか。こうした状況に対する私からのアドバイスは、あれこれとあまり考えないで単純にメカニカルに対処せよということである。

HRVが低すぎるときは（85％以下）、そうした企業のリサーチはすぐに中止してほかの企業の分析に移る。いくつかの有望企業は取り逃がすかもしれないが、悪い株をつかんで夜も寝られないということはなくなる。一方、HRVが高すぎるときは（110％以上）、２つのケースが考えられる。そのひとつは、あなたと同様にほかの投資家もその企業の質を過大評価して高い値段を払ったことである。もうひとつは、単純に株価が高すぎる場合である。そうしたときは株価が妥当な水準に戻るまで待つことである。それとも、潜在的リスクと実現可能なリターンに照らして、その株式がそうしたプレミアム価格を付けるに値するほどの好材料を秘めているのかもしれない。

現在のPERが標準PERよりもかなり高い株式を買えば、その後に株価が下落してPERが低くなれば（通常ではそうなる）、損失を被ることになる。特に初めて出動するときはそうした不要なリスクを取ってはならない。あまり妥協しないで優良株を厳選すれば、有利なポートフォリオを組成することができる。経験豊富な投資家であれば、HRVが高いまたは低いときでもうまく対処できるだろうが、初心者はそうはいかないだろう。

予想PERの計算

次のステップは将来の妥当な最高・最低PERを予想することである

第10章　株価を評価する

図10.7　低い半分のデータを平均する

Value										Company ABC COMPANY	Ticker ABCC
Earnings	.27	.36	.46	.56	.61	.69	.82	.94	1.11	1.32	
High Price	9.70	32.40	30.50	16.50	14.30	19.90	20.60	27.00	41.20	45.80	
Low Price	4.90	8.10	13.80	8.40	9.00	13.10	12.50	14.30	23.60	24.60	
High P/E	35.9	~~90.0~~	~~66.3~~	29.5	23.4	28.8	25.1	28.7	~~37.1~~	~~34.7~~	
Low P/E	18.1	~~22.5~~	~~30.0~~	15.0	14.8	19.0	15.2	15.2	~~21.3~~	~~18.6~~	

予想最高・最低PERを計算するとき、9～10年分のデータでは低いほうの5年間の数値を平均する。7～8年分（5～6年分）のデータでは低いほうの4年間（3年間）の数値を平均、5年分のデータが入手できないときは、その期間のデータがそろうまで待つ。

Average half or majority of the lowest High P/Es	Forecast High P/E	27.1
Average half or majority of the lowest Low P/Es	Forecast Low P/E	15.7
Average of the Forecast High and Low P/Es	Forecast Avg. P/E	21.4

が、この作業も最初はメカニカルに行ったほうがよい。そのうち予想基準を柔軟にすることもあるだろうが、そうする正当な理由の経験を積まないうちはそうすべきではない。メカニカルなプロセスとは、単にすべてのデータのうち低い数値の半分を平均するものである。例えば、10年分のPERデータがあれば、高い5年間の数値を除外して残りの数値を平均する。9年分のデータであれば高い4年間の数値を除外して、残り5年間の数値を平均する。5年分のデータであれば低い3年間の数値だけ、5年以下のデータしか入手できないときはその期間までのデータがそろうまで待つ。ただし、いずれの場合も最高PERが30倍を超えてはならない。

　ABC社の場合、最高PERは1995～1997年、最低PERは2003～2004年である。それらの最高PERのデータを除外して、残りの数値を平均すれば27.1という予想最高PERが得られる。予想PERが30.0を超えるときはそれ以下の企業に限定する（**図10.7**の×印はアウトライアー、

＼印は予想最高・最低PERを計算したときに除外した）。同じように5年間の最低PERを平均すると、予想最低PERは15.7となる。この2つの数値を平均すると予想平均PERは21.4となる（（27.1＋15.7）÷2＝21.4）。予想最高・最低PERを計算するときに除外するデータは同じ年にあることが多いが、このABC社のように必ずしもそうではないケースもある。したがって予想最高・最低PERを計算するときに除外するデータは、それぞれ別個に扱うべきである。

第6章で私は企業のライフサイクルを人間の一生にたとえて説明した。人気企業の多くは青年期にあるが、成人ほどは経験を積んでいないので注意が必要である。それらは新興の企業であり、経営陣は逆境をあまり経験していない。その技術はユニークで、知的所有権などが厳しいビジネス競争からその会社を守っている。高校生のヒーロー的なフットボール選手のように、恐いもの知らずの彼らベンチャー起業家は世界を征服できると信じているかもしれないが、激しい競争社会をまだ生き抜いてはいない。

その一例としてシトリックス・システムズ社（ソフトウエア）を取り上げてみよう。本書の第一版を執筆する3カ月ほど前、同社の経営陣は1100人の従業員のうち700人以上が大金持ちになったと胸を張ったが、これは会社から付与されたストップオプションの評価益だった。しかし、その当時約122ドルの高値を付けていた同社株は、四半期決算の悪化のニュースを受けて20ドルに暴落、その後も続落して15ドル以下まで下げた。この会社は素晴らしい製品と有望性のある優良企業で、経営陣と従業員も優秀だった。しかし、私は同社がこの経営資源を結集して再び発展するまで、この株式を買わなかった。同社は今その途上にある。

ここから得られるひとつの教訓は、PERが上昇の一途をたどっている新興企業には気をつけろということである。そうした企業に対する投資家の信頼感が揺るがないように見えても、明るい過去が明るい未

来を保証するわけではない。最初に投資家の注目を集めたときから一貫してアナリストの大幅な予想利益を達成してきた企業は、少しでも下方修正すると投資家の失望売りを浴びることになる。しかし、実はそうしたときこそチャンスなのである。

予想成長率

今後5年間の利益成長率がどのくらいなるのかを予想するとき、ヒストリカルな成長率が問題となる。直近のヒストリカルなデータを分析することは有益であり、多くの株式ソフトもそれをベースに将来の利益成長率を予想している。しかし、本書では一貫して企業の質を最重要の項目として検討してきたので、この問題にはあまり触れなかった。非常にまれなケースを除き、企業が永遠に高い成長率を維持することはできない。企業規模が大きくなれば、同じ成長率を維持するには従来の水準をかなり上回る売上高や利益を上げなければならない。

まず最初に知らなければならないのは、最優良企業の成長率でさえもいつかは鈍化するということである。これは企業の宿命であり、（来年ではなくもっと）長期の売り上げ伸び率や利益成長率を予想するときは、ヒストリカルな成長率よりも少し低めに見積もらなければならない。次に問題となるのは成長率の予測可能性、すなわちヒストリカルな成長率の安定性である。ヒストリカルな成長ラインが直線に近ければ、将来の成長率はその延長線上にあることは容易に想像できる。その場合、利益よりも（年によって変動幅の小さい）売上高の伸び率を重視すべきである。ヒストリカルな利益成長率が将来の成長率とかなり異なることは少なくないが、売上高の伸び率にはそうしたことが少ないからである。売上高と利益の成長率が安定し、今後5年どころか20年先の予想もつけばベストであろう。

経験則から見た注意点

ここで経験則から得られた注意点をもう一度確認しよう。まず最初に重視するのは利益率よりも安定し、将来の成長率も予想しやすい売上高の伸び率である。一方、売上高よりも利益成長率のほうが高くなるのは問題であり、利益成長率は売り上げ伸び率によって決まるという事実を考えると、この2つの成長率が異なるのは一時的な現象である。二番目の注意点は、将来の成長率には一定の上限を設けるということである。例えば、20％を超える売上高と利益成長率を予想することはあまり現実的ではない。最近では安定した持続力を備え、何年にもわたって想像できないような高成長を続ける企業も見られるが、一般には20％もの高成長をかなり長期にわたって持続できる企業はほとんど存在しない。

しかし、例外的なケースが製薬会社である。多くの製薬会社が高成長を続けているのは驚くばかりであるが、それは研究開発費の税控除や特許薬品の値上げなどによるもので、売り上げ伸び率よりも高い利益成長率を何十年にもわたって持続している企業も少なくない。しかし、こうした高成長を続ける新興企業を見つけるのは極めて難しい。われわれが見つけようとしているのは、年率15％以上のリターンをもたらしてくれる企業である。20％以上の利益成長率を続ける企業に投資してこの程度のリターンを得られなければ、それは投資法が間違っている証拠である。われわれが目標とするリターンを得るために、20％の高成長を続ける企業を見つけようとするのは不可能である。こうした限界を念頭に置いて将来の成長率を予想すべきである。

売り上げ伸び率の予想

ヒストリカルな売り上げ伸び率のラインがほぼ直線に伸びていれば、将来の予想もつきやすい。おそらく将来の売り上げ伸び率はそれに近い数字か、それよりも少し低めのところに落ち着くだろう。ベッド・

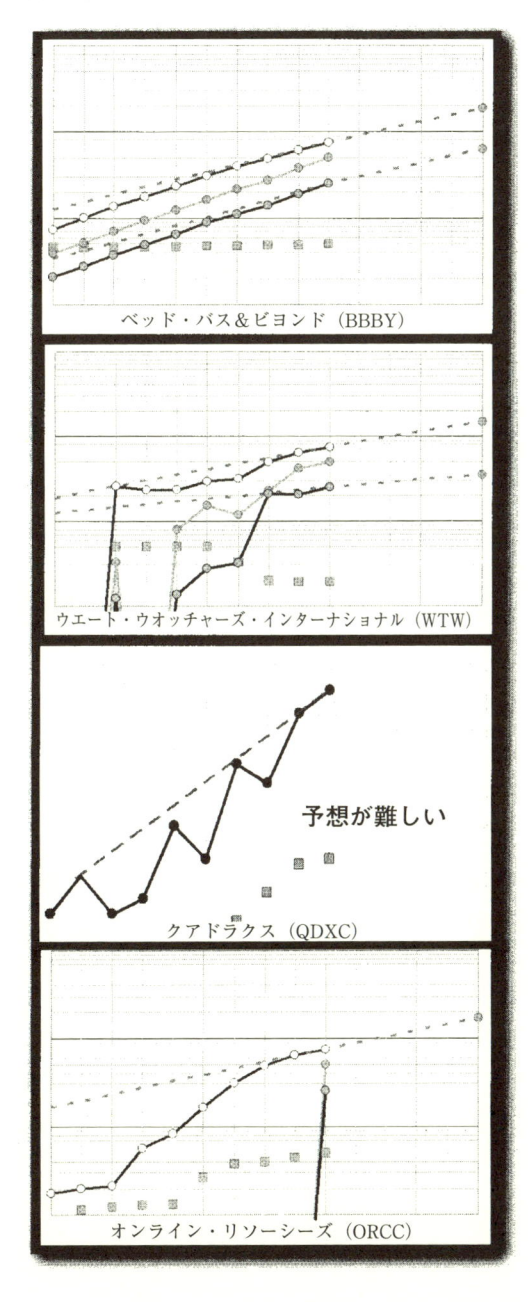

図 10.8 売上伸び率のさまざまなパターン

ベッド・バス＆ビヨンド（BBBY）

ウエート・ウオッチャーズ・インターナショナル（WTW）

クアドラクス（QDXC）　予想が難しい

オンライン・リソーシーズ（ORCC）

バス&ビヨンドなどはその好例であるが（**図10.8**を参照）、成長ラインは完全な直線ではない。クアドラクス社のように、右上がりのジグザグなパターンを描いていると将来の予想は難しい。この会社のように将来も安定した成長が続くという保証はどこにもなく、こうしたことは売り上げ伸び率よりも利益成長率について言えることである（売り上げ伸び率や利益成長率の両方が異なるジグザグな曲線になっている企業もある）。上向きのジグザグな成長ラインの企業は投資家の関心を集めるかもしれないが、そのラインが曲がりくねっているほど失望すべき結果となるので、そうした企業には近づかないほうがよい。また新興企業も急成長のあとによく失速するので要注意である。

利益成長率の予想

　将来の利益成長率を予想するときの原則は売上高のそれと同じであるが、売上高に比べて利益率の予想は難しい。利益は売上高によって左右されるうえ、売り上げそのものが変動するからである。最終利益が出るまでには各種費用、税金、発行済み株式数などが大きな変動要因として影響を及ぼす。将来の利益成長率を予想するとき、やはり売上高と同じようにヒストリカルな成長率がベースとなるが、予想売り上げ伸び率を超えないように控えめな予想値を出さなければならない。

　図10.9によれば、不適切なデータを除いたABC社のヒストリカルな売り上げ伸び率は14.4%、1株利益成長率は16.8%である。しかし、私は将来の売り上げ伸び率を13%とかなり控えめに予想し、また1株利益もこれまで急成長してきたが、将来の成長率は売上高と同じく13%とした。この予想値をもとに5年後の売上高と利益の成長率を予想する。PV（現在の売上高＝7.574億ドル、N（期間）＝5年、i%（成長率）＝13%の各データをビジネス計算器に入力すると、13.955億ドルという売上数字が出てくる。同じように現在の1株利益（1.32ドル）が毎年13%のペースで伸びていけば、5年後には2.43ドルという

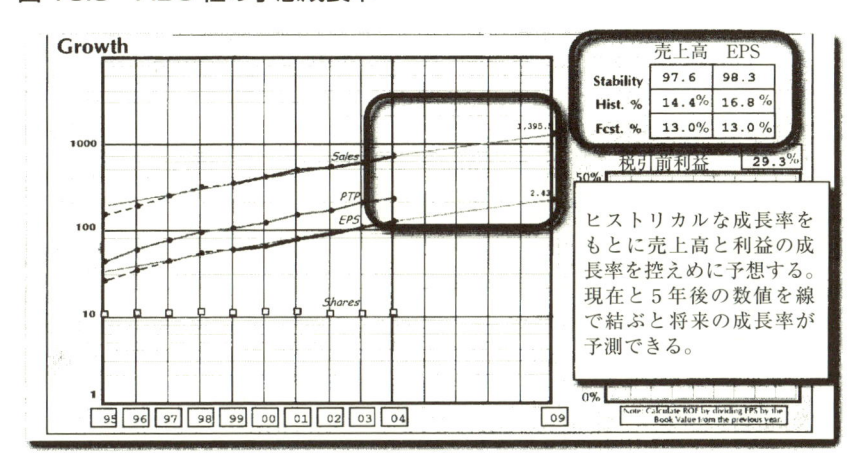

図10.9　ABC社の予想成長率

(図内表)
	売上高	EPS
Stability	97.6	98.3
Hist. %	14.4%	16.8%
Fcst. %	13.0%	13.0%

ヒストリカルな成長率をもとに売上高と利益の成長率を控えめに予想する。現在と5年後の数値を線で結ぶと将来の成長率が予測できる。

予想値が得られるので、直近年と5年後の数値のところを線で結ぶ。

ビジネスモデル——もうひとつの利益予想法

　将来の利益成長率を予想する方法は2つある。そのひとつはこれまで説明してきた方法で、もうひとつはビジネスモデルと言われるものである。この2つの方法による予想成長率は必ずしも一致しないが、それらの結果を比較すればより現実的な予想値が得られるだろう。ビジネスモデルでも企業活動の流れに沿って売上高から最終利益を予想するが、NAIC会員はこの方法のほうがベターであると言っている。私は初版の第14章でこの方法を紹介したが、最初の方法を完全にマスターしないうちはこれを使わないようにアドバイスした。しかし、それ以降に考えが変わり、今ではこちらの方法を推奨している。企業活動の流れが分かるうえ、1株利益を出すまでのプロセスがはっきりしているからである。この方法を使えば、将来の利益成長率について信頼できる予想値が求められるだろう。以下ではABC社を例に取って

図10.10 ビジネスモデルによる利益成長率の予想

Pretax Profit	($M)	43.8	58.0	78.5	94.4	107.1	124.9	149.6	169.3	203.8	229.7
Tax Rate	(%)	31.7%	32.6%	32.3%	32.2%	34.8%	36.6%	37.1%	37.1%	38.8%	35.1%
Net Profit	($M)	29.9	39.5	51.8	64.0	69.8	79.2	94.1	106.5	124.7	149.1
Earnings (EPS)	($)	.27	.36	.46	.56	.61	.69	.82	.94	1.11	1.32
Shares	(M)	110.4	112.4	113.5	115.3	114.4	115.2	115.8	111.2	112.0	112.6
Book Value		1.16	1.54	2.05	2.61	3.12	3.86	4.61	4.97	5.96	6.89
Pretax Margin	(%)	27.0%	27.9%	27.8%	28.1%	28.7%	27.6%	28.0%	29.2%	31.3%	30.3%

Forecast Earnings	Business Model	5yr. Fcst.		5yr. Fcst.	Forecast Growth Model	Forecast Earnings per Share
Complete this section only if Growth, above, is satisfactory	x Profit Margin	30.0%	= Forecast Sales	1,395.5	From growth at forecast EPS growth rate.	
	less Taxes @	35.1%	= Pretax Profit	418.6		
	less Adjustments	-	Net after taxes	271.7		
	+ Average Shares	113.0	Net to shareholders	271.7		Lower of two
			= Business Model EPS	2.40	or 2.43	= 2.40

説明する。

　売上高は利益よりも変動要因の影響をあまり受けず比較的安定しているので、利益よりも信頼できる予想値が求められる。将来の売り上げ伸び率を予想するとき、ビジネスモデルでは変更する正当な理由がないかぎり、会社発表の損益計算書の数字をデフォルト値とする。

1．売上高　売り上げ伸び率を13％とすれば、ABC社の2004年の売上高は13.955億ドルと予想される。

2．利益　売上高から各種費用を差し引いて税引前利益を予想するが、このときのデフォルト値は過去5年間の平均売上利益率とする（第9章の図9.1〜図9.2を参照）。ABC社はコスト削減に成功し、これまで売上利益率は上昇している。直近数年間の利益率が安定して上向いていれば、将来の利益率も上方修正する。同社の過去数年間の利益成長率は30％を超えているが、将来の成長率は30％とする。売上高に売上利益率を掛けた税引前利益は4.186億ドルとなる（売上利益率が低下している企業については直ちに検討を中止する）。

3．**税金** 次は税引前利益から税金を控除するが、そのデフォルト値は前年の税額とする。向こう5年間に税務当局が税率を大幅に変更することはないとすれば、将来の利益についてもこの税額を適用する（バリューラインが試算する将来の予想税額を使用する人もいる）。前年の法人税率は35.1％であるため、税引前利益からこの税金分を控除すると税引後純利益は2.717億ドルとなる。

4．**所得調整** 当期利益の主な調整項目は優先株主に支払われる優先配当金で、これはほぼ確実に予想される費用である。この種のデータはその企業の損益計算書やロイターのウエブサイト（http://www.investor.reuters.com/）などから入手できる。ABC社には優先株主がいないため、普通株式に帰属する当期純利益は2.717億ドルとなる。

5．**発行済み株式数** 今後5年間の発行済み株式数を予想するときのデフォルト値は現在の発行株数とする。過去10年間にABC社は定期的に新株を発行してきたので、その発行済み普通株数は増加の一途をたどっている（一方、発行株数を減少させる自社株買いを実施する企業もある。これについてもバリューラインの予想株数を参考にしてもよい。ただし、控えめな予想1株利益を出すには、予想発行株数を少なめに見積もってはならない）。ABC社の発行株数は少し慎重に1.13億株と予想した。

6．**1株利益** 普通株式に帰属する当期純利益を予想発行済み株式数で除すると、予想1株利益は2.40ドルとなる（2.717億ドル÷1.13億株＝2.40ドル）。

この予想1株利益はヒストリカルな利益成長率から予想した数字とほぼ一致する。これまで詳しく説明してきたのは、基本的な方法とビジネスモデルによる予想利益を比較するためで、この2つの方法による予想値が大きく異なっているときは小さいほうの数字を予想利益と

図10.11　ABC株の総リターンと平均リターン

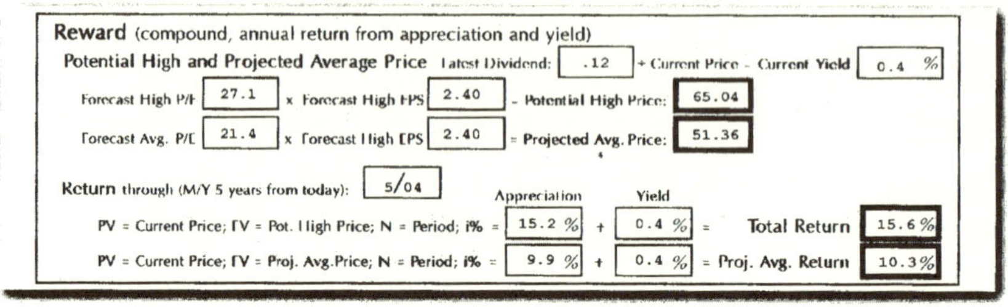

```
Reward (compound, annual return from appreciation and yield)
Potential High and Projected Average Price  Latest Dividend: .12  + Current Price - Current Yield 0.4 %
Forecast High P/E   27.1   x Forecast High EPS  2.40  = Potential High Price:  65.04
Forecast Avg. P/E   21.4   x Forecast High EPS  2.40  = Projected Avg. Price:  51.36

Return through (M/Y 5 years from today):  5/04
                                           Appreciation    Yield
PV = Current Price; FV = Pot. High Price; N = Period; i% =  15.2 %  +  0.4 %  = Total Return      15.6 %
PV = Current Price; FV = Proj. Avg.Price; N = Period; i% =   9.9 %  +  0.4 %  = Proj. Avg. Return  10.3 %
```

する。

予想最高値

次は予想1株利益とPERから将来の最高値を計算する（予想1株利益×最高PER）。ABC社の2009年5月末の予想1株利益は2.40ドル、予想最高PERは27.1倍であるため、予想最高値は65.04ドルとなる（2.40×27.1＝65.04）。

予想リターン

これは現在の価格でABC社の株式を買い、それを5年後の予想最高値で売却したときの複利リターンである（それまでに受け取った配当金も含める）。

リターンには投資家の主な狙いであるキャピタルゲイン（値上がり益）とインカムゲイン（配当金など）がある。年率複利リターンを求めるには、PV（現在の株価）＝32.00ドル、FV（将来の株価）＝65.04ドル、N（期間）＝5年の各データをビジネス計算器に入力すると、今後5年間の予想年率リターンは15.2％となる。しかし、予想日

が前会計年度以降で、新年度の6カ月はすでに過ぎて第1四半期決算が発表済みであるとすれば、さらに正確を期したい人はこの6カ月分の予想利益を含めたリターンを求めたいと思うだろう。そのようなときは当該四半期分の利益成長率を含めるか、または直近4四半期から向こう5年間の予想利益をベースとすべきである。ただし、どちらかの数字をもとに5年後の最高値と総リターンを予想するときは、そのうちの低いほうの数字を予想値とする。具体的には次のようになる。

1．前年度の利益をベースとしたとき　PV（現在の1株利益）＝1.32ドル、ｉ％（利益成長率）＝13％、N（第1四半期の利益も含めた期間）＝5.25年の各データを入力すると、将来の予想1株利益は2.51ドルとなる。

2．直近12カ月の利益をベースとしたとき　PV（直近12カ月の1株利益）＝1.37ドル（第7章の**図7.11**を参照）、ｉ％（利益成長率）＝13％、N（期間）＝5年の各データを入力すると、予想1株利益は2.52ドルとなる。

　小さいほうの予想1株利益（2.51ドル）に最高PERの27.1倍を掛けると、5年後の予想最高値は68.02ドルとなる。そこから年率複利リターンを予想するには、PV（現在の株価）＝32ドル、FV（予想最高値）＝68.02ドル、N（期間）＝5年を入力すると、ｉ％（予想年率リターン）＝16.3％となる。これは当初の予想リターン（15.2％）を大きく上回るもので、これは四半期ベースの予想利益率を使ったためである。基本的な予想法では少し物足りないと思われる投資家にとって、こうした試算法もおもしろいだろう。

利回り

　グロース投資家にとって、利回りなどにはあまり興味がないかも

しれない。興味の対象は利益を再投資して株価（株主の価値）を上昇させてくれるような企業であろう。しかし、利回りも総リターンの一部であり、ゼネラル・エレクトリック（GE）のような優良大型株に投資する場合には、配当金も予想リスクとリターンの計算に含めるべきである。配当金の利回り＝直近の年間配当金÷現在の株価となり、ABC社の年間配当金は1株当たり12セントであるため、配当利回りは0.12ドル÷32ドル＝0.4％となる。15.2％のリターンにこの利回り分を加えると予想総リターンは15.6％となる。

平均リターン

　もうひとつのリターンは平均リターンと呼ばれるもので、基本的な計算法は総リターンと同じである（総リターンの計算と異なるのは、予想最高PERの代わりに予想平均PERを使う点である）。それに基づくABC社の予想平均リターンは10.3％となり（**図10.11**を参照）、53.71ドルの平均株価を使った予想総リターンは約11％である。予想最高値で保有株を売却することはかなり難しいが、予想平均PERの水準で売ることは可能である。（低めの売値による総リターンである）平均リターンは控えめな予想値であり、予想平均株価よりも高値で売却する確率よりもかなり現実的である。私は平均リターンをどれほど上回るかといった目標値は設定しないが、企業規模と売り上げ伸び率の関係に基づく予想リターンを示した第7章のガイドライン（**図7.10**）はかなり参考になるだろう。

潜在的リスクの計算

　実現可能なリターンと同様に、潜在的リスクも次の4つのステップで計算する。

1．予想最低PER
2．予想最低1株利益
3．予想最安値
4．リスクインデックス

予想最低PER

図10.7で説明したように、最低PERの低いほうの半分を平均したものが将来の予想最低PERとなる（ABC社の予想最低PERは15.7倍）。

予想最低1株利益

潜在的リスクとは予想最高値と同じ方法で計算した予想最安値である。具体的には予想最低1株利益×同PERで求められる。安全を期すために、直近4四半期の1株利益をベースに将来の最低1株利益を予想する。われわれが対象とするのは優良なグロース株であるため、将来の利益が直近12カ月の水準よりも低くなることはないだろう（1株利益が低下しているような企業はすでに除外されているはずである）。

予想最安値

これは予想1株利益とPERが最低になったときの予想株価で、その算式は予想最低1株利益×同PERである。例えば、ABC社の予想最低1株利益が1.37ドル、同PERが15.7倍であれば、予想最安値は21.51ドルとなる（1.37×15.7＝21.51ドル）。この潜在的リスクを求めるときに有効であるのが、予想リターンと損失を比較したリスクインデックスである。

リスクインデックス

リスクインデックスの算式は、(現在の株価－予想最安値)÷(予想最高値－予想最安値) となる。例えば、リスクインデックスが25％とは利益と損失の確率が75％と25％という意味である（すなわち、利益になる確率が損失の確率の3倍になっている）。ヒストリカルなバリューレシオ（HVR）と同様に、リスクインデックスを計算すれば買う株式と見送る株式が区別できる。リスクインデックスは低いほうがベターで、この指標がほぼゼロに近いときは、将来の株価が現在の株価よりも安くなる正当な理由はないことになる。

HVRに照らしても現在の株価が最低水準にあるのかどうかが判断できないときは、このリスクインデックスが便利である。すなわち、PERから見た現在の株価がヒストリカルな平均株価よりも安いとき、リスクとリターンの確率を表すこの指標が買いか、見送りを決める手掛かりとなる。例えば、リスクインデックスがゼロやマイナスとなり、その企業の質にも何ら問題がなければその株式を購入する（この株価水準で売るのは無知な投資家だけである）。もっとも、自分の知らない悪材料が隠されていることもあるので、そのようなリスクが内在しているようであれば、その株式の買いは見送る。

このリスクインデックスをABC社に当てはめてみると、分子は32.00－21.51＝10.49ドル、分母は65.04－21.51＝43.53ドルとなるので、その結果は10.49÷43.53＝24.1％となり、最低基準の25％よりも小さい。ここから得られる予想年率リターンは15.6％（または16.7％）となり、潜在的リスクは許容範囲内にある。

買いか、見送り

企業の質が投資基準をクリアした株式についてこのリスクとリター

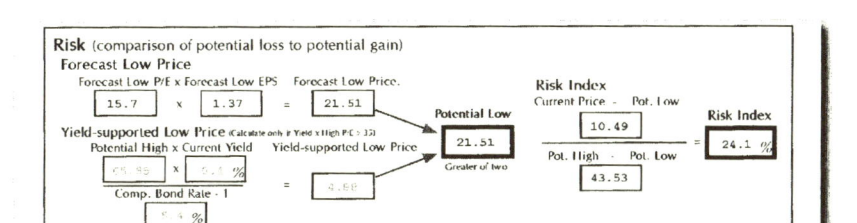

図10.12　リスクインデックスの計算

ンの指標を適用するが、この基準もクリアした株式はおそらく5年で投資資金を2倍にする有望な株式である。ABC社の32ドルの株式は、リスクインデックスも25％以下にあるのでおそらく有利な買い物であろう。株式投資とは厳密な科学ではなく、常識が求められる活動であり、確実に利益を上げるには控えめな予想とする。すべてのチャンスについて慎重な投資スタンスを堅持すれば、その結果に大きく失望するようなことはないだろう。リスクインデックスの1％は約50セントの株価に相当するが、この基準を少し上回るような株式についてはリサーチをいったん中止し、株価が妥当な水準まで下がるのを待つべきである。

妥当な株価

　企業の質に何ら問題のない株式については、実現可能なリターンと潜在的リスクに照らして妥当な株価を決定するが、それにはFV＝予想最高値、i％＝14.9％－現在の配当利回り、N(期間)＝5年の各データをビジネス計算器に入力する。ABC社の場合、FV＝65.04ドル、i％＝14.5％、N＝5年を入力すると妥当な株価は33.05ドルとなる（この株価でABC社の株式を買うと5年後には投資資金が2倍にな

図10.13　妥当な買値の計算

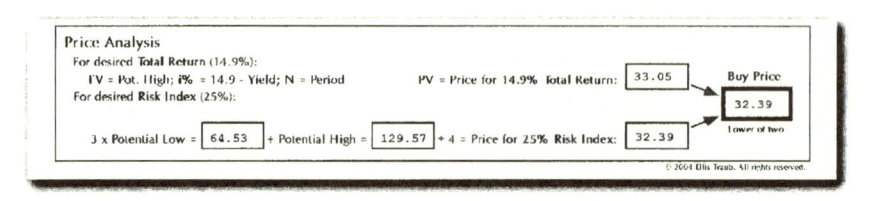

```
Price Analysis
 For desired Total Return (14.9%):
  FV = Pot. High; i% = 14.9 = Yield; N = Period      PV = Price for 14.9% Total Return =  33.05    Buy Price
 For desired Risk Index (25%):                                                                     32.39
                                                                                                  Lower of two
  3 x Potential Low = 64.53 + Potential High = 129.57 ÷ 4 = Price for 25% Risk Index = 32.39
```

ると予想される）。一方、潜在的リスクを計算すると、（予想最安値×3＋最高値）÷4＝32.39ドルとなり（**図10.13**を参照）、このうちの低いほうが妥当な買値となる。株価は1年間に平均値から上下50％以上も変動することも珍しくないので、妥当な株価まで下がるのを辛抱強く待っていれば狙っていた株式も拾えるだろう。

あまり変化しない企業の質

企業の質が投資基準をクリアした株式は少なくとも3カ月間はその条件が変更されることはなく、それ以降も80％の確率で評価に変更はないだろう。しかし、注目する優良株が有利な株価まで下がったら、一部の保有株との入れ替えを検討する。

株価についてのポイント

株式を買うときの最も重要な条件は、長期保有に値する優良企業ということである。しかし、その企業がどれほど優良であっても株価が高ければ有利な投資とはならない。妥当な買値を決める条件は次の2つである。

1．実現可能な総リターンは年率約15％で、5年後に投資資金が2倍

になる。

2．予想リターンが潜在的リスクの3倍以上である。

この条件を踏まえて、次の順序に従って適正な買値を計算する。

● 予想売り上げ伸び率・利益成長率
● 予想1株利益
● （HVRによる）ヒストリカルなPER
● 予想PER
● 予想最高値・予想最安値
● 実現可能なリターン
● 潜在的リスク
● 適正な買値

　このステップを慎重に踏んで正しい投資をすれば、少なくとも80％の確率でプロと同等、またはそれ以上の利益を上げられるだろう。かつて大流行したポーキーピッグ（1930年代に上映された漫画映画の陽気な子豚）の言葉に「これでおしまい！」というのがあったが、株式投資の手順もこれでおしまいである。もちろん、これで5年で投資資金を2倍にする有望なポートフォリオを組成することはできるが、さらに高いパフォーマンスを上げるにはポートフォリオの有利な運用（業績が低下した株式の入れ替えなど）が求められる。これについては第12章で詳述するので、それを読めばポートフォリオの管理もそれほど難しくはないだろう。また投資経験が豊富になれば自分で役立つ情報を収集することもできるようになり、そうした投資家にとって第13章はかなり参考になるだろう。次章では企業の比較を取り上げ、数ある企業のなかでどれが最も有利な投資先なのかといった問題を検討する。

第11章
企業を比較する
Comparing Companies

　数社の企業やある業種に興味があるときは、いくつかの投資候補企業を選んでみよう。それらをリサーチするときは、投資資金に見合った価値ある企業の情報を収集する。そうした企業の比較作業はそれほど難しくないので、ベストの投資銘柄を発見できるチャンスもある。そのときの注意点は次のようなものである。

●**まず最初にひとつの銘柄を選ぶ**　特に興味のあるひとつの株式をリサーチしてみる。そのきっかけはだれかに勧められた、どこかでその企業の情報を読んだ——など何でもかまわないが、自分が有望だと思う企業を選ぶ。その企業を手掛かりに同じ業種で有望だと思われるほかの企業にも視野を広げていく。

●**いくつかの投資銘柄からひとつの株式を選ぶ**　いくつかの企業をリサーチしたが、そのうちの1～2社に投資するだけの資金しかないときは投資対象を絞っていく。

●**ある産業をリサーチする**　興味のある特定の産業をリサーチし、そこから最も有望な投資銘柄を選択する。もちろん、それらの企業の質と株価については収集したデータを詳しく分析する。

●**投資クラブの推奨銘柄から選ぶ**　投資クラブに加入しているときは、

そこの推奨銘柄から投資対象を選択する。

●**別の銘柄に乗り換えるべきかどうかを決める**　次章で述べるように、現在の保有株とほぼ同じ質であるが、もっと高いリターンが得られそうな別の銘柄に乗り換えたほうがよいときもある。そのようなときは、現在の保有企業とさらに有望そうな企業について比較分析する。

　以上のような条件に当てはまるときは、現在の保有株と別の銘柄を比較分析してみる。パソコンで比較作業をするときは、マイクロソフトのエクセルや付録Bで紹介するパッケージソフトなどを使うのが最も便利である。

企業比較ワークシート

　パソコンのスプレッドシート・プログラムを使って企業比較ワークシートを作成するときは、表の左側に比較項目を列挙する。次にリサーチした企業の情報を入力し、投資基準に従って各企業を比較分析してスコアを付ける。最も高いスコアの企業が最も有望な投資候補となる（そうでないときもある）。これが最も簡単な選定プロセスであるが、各基準をどの程度重視すべきなのか、主観的な好みの問題はどうするのかなどを考えたとき、**図11.1**のようなワークシートはかなり参考になるだろう。

比較基準に優先順位を付ける

　企業比較の基準は投資銘柄のリサーチ基準とほぼ同じであるが、独自の基準を追加してもよい。そのときでも株価よりも企業の質を重視するという優先順位を崩してはならない。しかし、企業の質（利益の成長性と安定性）はかなり高いが、株価が妥当な買値よりも少し高い

という状況がよくある。ほどほどの企業の質を妥当な価格で買うべきか、それともさらに高い企業の質に割高な値段を支払うべきかというジレンマである。そのようなときは、その株式をすぐに買う必要がないときは、株価が妥当な水準まで下がるのを待つべきである。追加する独自の基準は数量的なものよりは、優先価値に基づくものであろう。例えば、特定の産業に属する企業だけに限定しないでベストの投資銘柄を見つけようとするとき、同じスコアの企業ならば、自分の経験、直感や関心などに従って選んでもかまわない。数量的なものだけが重要な比較基準ではない。

ワークシートの作成

以下に列挙したのは、企業比較ワークシートに記載する基本的な項目の一部である。各項目については簡単な説明を付けたが、勝ち組企業は何点のスコアを得られるだろうか。

企業の質

●**ヒストリカルな売り上げ伸び率（第7章を参照）** リサーチ期間の売り上げ伸び率で、高いほうがよい。
●**ヒストリカルな利益成長率（第7章）** リサーチ期間の利益成長率で、高いほうがよい。
●**将来の売り上げ伸び率（第10章）** 将来の予想売り上げ伸び率で、高いほうがよい。
●**将来の利益成長率（第10章）** 将来の予想利益成長率で、高いほうがよい。
●**売上高の予想確率（第8章）** 統計専門用語のR^2で表される決定係数で、プロットされた売上高のドットがトレンドラインからどの程度

乖離しているのかを表す。すべてのドットがトレンドライン上にあるときは$R^2 = 1$（100%）、ライン上にないときはゼロとなる。これも高いほうがよい。多くの株式投資ソフトにもこのR^2の数値が組み入れられている。手作業でこのチャートを作成するときは、成長ラインが上向きの直線にどれだけ近いのかを主観的に判断しなければならない。

●**利益の予想確率（第7章）**　売上高の予想確率と同じ方法で表されるもので、これも高いほうがよい（バリューラインが使っている同じ用語は、われわれの言う売上高・利益の安定性とは直接関係はないが、基本的には同じである）。

●**平均売上利益率（第9章）**　過去5年間の平均税引前利益率で、高いほうがよい。

●**売上利益率の安定性（第10章）**　売上高の予想確率と同じ方法で表されるもので、高いほうがよい。

●**売上利益率のトレンド（第10章）**　直近年の売上利益率を平均利益率と比較したもので、直近年のほうが高いときは上昇トレンドにある（＋＋、＋、＝、－、－－などで表す）。これも高いほうがよい。

バリュー

●**現在のPER（第10章を参照）**　直近4四半期のPERで、低いほうがよい。

●**ヒストリカルなバリューレシオ（HVR）（第10章）**　現在のPERを標準PERと比較したもので、85%を超えるときはそれよりも低いほうがよい。

●**総リターン（第10章）**　保有株が高いPERで売却したときの複利利益（インカムゲインも含む）で、高いほうがよい。

●**平均リターン（第10章）**　保有株が平均PERで売却したときの複利

利益（インカムゲインも含む）で、高いほうがよい。
●**リスクインデックス（第10章）** 予想最高値と最安値から計算した潜在的リスクで、低いほうがよい。

その他の情報

●**現在の株価**
●**投資資金で買える株数**
●**業種**
●**上場取引所**

　自分の投資決定にとって重要だと思われる優先基準を自由に追加してもよい。表の上方に企業名やチッカーシンボル（証券コード）を記入すれば、企業を検索するときに便利である。手作業で基準項目を追加するときは、その重要度に応じて優先順に記入する。パソコンを使って追加するときは、各基準を分類したあと、優先順位を付けて入力する。リストの作成が終了したらマスターコピーを作って、いつでも利用できるようにしておく。

比較する企業の選択

　比較する企業を選択する前に一定の質的基準に満たない企業を除外し、さらに比較企業の条件をはっきりさせる。すなわち、比較する企業は同じ産業に属しているのか、それとも業種を超えてベストの投資銘柄を探すのか、同じ産業のなかのベストの企業を選ぶのか、分散投資のために別のセクターや産業の企業も加えるのか——などである。同じ産業の企業を比較すれば、同じ基準を適用できるというメリットがある。例えば、異なる業種の企業はすべて標準的な売上利益率が異

なるが、同じ業種の企業であれば単純に売上利益率を比較するだけでよい。もっとも、マイクロソフトと小売大手のホーム・デポの売上利益率を単純に比較することはできないが、売上利益率のトレンドを比べてどちらの企業がコスト管理に成功しているのかを判断することは可能である。

　ひとつの産業の企業を比較することはかなり有効であるが、最も有利な企業を見つけるのが目的であればそれにこだわる必要はない。それでは何社の企業を比較するのか。私は5社以内に抑えたほうがよいと思う。それ以上になると比較が難しくなるうえ、その結果もあまり有効ではなくなる。5社以上の企業を対象とするときは、企業比較ではなくスクリーニングによって有望な企業を絞るべきである。

結果の分析

　比較する企業の各項目にデータや数字を記入したら、次は有望な項目に印などを付けて比較分析する。数値があまり掛け離れていないときは複数の企業を選んでもよい。各項目についてベストの企業を1社だけ選ぶことにこだわる必要はない。パソコンソフトを使って比較するときの問題点は、二位の企業との差があまりないときでもベストの企業1社だけを選んでしまうことである。僅差で極めて有望な企業が漏れてしまう可能性もある。したがって、勝ち組企業の選択は慎重に行うべきである。各項目の意味をよく考え、それらの優先順位については主観的に決めてもよい。多くの投資家は各項目の高い・低いという基準だけを見て、最も高い（または低い）企業をベストと考えてしまう。大切なことは、自分にとって各基準がどれだけ重要であるのかということである。（一方、投資クラブの会員が自分で選んだ企業をほかの会員から反対されたときなど、自分で判断するのが難しいという状況もある）。

図11.1 小売5社の比較分析

企業比較ワークシート										
	企業1		企業2		企業3		企業4		企業5	
企業名	ホーム・デポ		ローズ		コールズ		ダラー・ツリー		ウォルグリーン	
チッカー	HD		LOW		KSS		DLTR		WAG	
質的基準										
ヒストリカルな売上伸び率	10.0%		16.4%		12.7%		18.3%	x	13.3%	
ヒストリカルな利益成長率	17.5%		25.1%	x	-7.5%		11.9%		14.3%	
将来の売上伸び率	9.7%		16.3%		12.6%		17.8%	x	13.3%	
将来の利益成長率	9.7%		16.3%	x	-7.1%		10.8%		13.3%	
売上高の予想確率	96.9		99.4		99.1		97.4		99.9	x
利益の予想確率	97.0		99.4		95.5		91.1		99.6	x
平均税引前利益率	9.8		7.9		10.1		11.3	x	5.7	
売上利益率の安定性	9		9		7		7		10	x
売上利益率のトレンド	+	x	++	x	-		-		=	x
バリュー										
現在のPER	18.3		21.1		26.7		17.5	x	29.4	
ヒストリカルなバリューレシオ (HVR)	59.0	x	90.0		82.0		70.0		95.0	
総リターン	22.3%		23.5%		-7.3%		27.3%	x	10.9%	
平均リターン	15.9%		17.5%		-11.7%		17.8%	x	5.9%	
リスクインデックス	7.5%	x	14.0%		413.9%		12.3%		47.1%	
その他										
現在の株価	38.7		53.2		49.48		27.42		37.01	
1000ドルで買える株数	25.8		18.8		20.2		36.5		27.0	
業種	小売り		小売り		小売り		小売り		小売り	
上場取引所	NYSE		NYSE		NYSE		NASDAQ		NYSE	
スコア		3		3		0		6		4

一見したところダラー・ツリーのスコアが最も高いが、企業の質の悪化から株価は下落している。ウォルグリーンは最も安定しているが、今後も高成長を持続するには企業規模が大きすぎる。競合するホーム・デポとローズも優良企業であるが、ローズのほうが有望であるようだ。その成長率はホーム・デポを上回り、予想総リターンも高い。決め手になったのはホーム・デポのHVRがかなり低いことで、これは私の知らない何か悪材料が隠されているのかもしれない。

 そのためには、表に記入する企業をランダムに並べてみる。どうしても優先順位の高い企業から並べてしまうことになるので、例えばアルファベット順に並べるのも一法である。そうすれば特定の企業だけに目が向くこともなくなり、各項目の数字に照らして各企業を客観的に比較できる。各項目にデータを記入して最も高い数値の企業を比較

分析するが、最も高い数値を付けた企業が自動的に選ばれるわけではない。数字はひとつの目安にすぎず、最も大切なものは自分の総合的な主観的判断である。したがってよく知っている産業、いつも立ち寄る感じの良い店の運営企業などを選ぶかもしれない。数量的基準でほぼ並んだ複数の企業から、ベストと思われる企業を選ぶときの決め手がこうした主観的判断である。

　こうした企業比較はおもしろいし、またかなり有効でもある。私も投資銘柄を探す過程でこうした企業比較表を作成したところ、結果的に当初の予想とは別の有望株を発見したこともよくあった。皆さんもこの種の比較表を作成して広い観点から各企業を分析すれば、当初とは別の有望企業を見つけられるだろう。

企業比較のポイント

●ベストの投資銘柄を見つけるうえで、投資候補企業の比較表はかなり効果的である。
●企業比較の最も簡単な方法は、列挙した各企業の業績を優先的に選んだ基準に照らして比較分析することである。
●そのなかには数量的というよりは、単に情報を提供するだけのものもある。
●企業の有望性を判断するとき、数量基準のわずかな違いはそれほど重要ではない。
●最初は有利な数字の企業を選ぶことになるが、次第に自分の好みや経験に基づく主観的な判断が最終決定の決め手となる。

第12章
ポートフォリオマネジメント
Managing Your Portfolio

　ポートフォリオマネジメントの問題を検討する前に、これに対する誤解をなくすためにその本当の意味を明らかにしておく。

ポートフォリオマネジメントとは何か

　多くの投資家は、ポートフォリオマネジメントとは単にポートフォリオを静観していること、すなわち保有株の値動きや評価損益などをチェックすることだと考えている。これは単に事実の結果をチェックしているだけであり、とてもポートフォリオマネジメントとは言えない。本当のポートフォリオマネジメントとは状況を先取りしたプロセスであり、そこには何らかの行動が伴う。一方、株価の値動きをチェックして保有株が目標値や目標利益に達したとき、それらの株式を売却することがポートフォリオマネジメントだと思っている投資家もいる。その反対に、値下がりした保有株を売却することもポートフォリオマネジメントとは言えない。株価は常に変動しており、長期的な視野を持たなければ日々の値動きに一喜一憂するだけである。既述したように、株価は1年間で平均値の上下50％以上も変動することはけっして珍しいことではない。

すべてが完全な状況にあれば、株価は利益のトレンドを反映し、PER（株価収益率）は標準PERに近い水準に落ち着くだろう。そうであれば、利益成長の続く株式を買ってホールドしたあと、同じPERで売却すれば相応の利益を手にするだろう。しかし、これは現実ではなく、株価は短期的に投資家の気まぐれや市場内のうわさなどを反映して大きく変動し、それにつれて投資家の気分も大きく揺れる。売上高、税引前利益、そして純利益などのファンダメンタルズは四半期ごとにしか発表されないので、短期的な株価の動きがこうしたファンダメンタルズの変化を反映したものでないことは明らかである。短期的な株価を動かすのはうわさ、作り話、インサイダー情報、アナリストの格上げ・格下げなどで、投資家もそうした動きに翻弄されて保有株を手放してしまうこともよくある。

　こうした情報は特定の企業（経営陣の変更など）、産業（従来の技術を脅かすような新しいハイテクなど）、セクター（金利の変動が消費者の購買力を左右するなど）、マーケット全体（FRB＝連邦準備制度理事会＝議長の発言が重大な事態を招くといったようなアナリストの予想など）に関連して流布する。私は第4章で、企業の業績に関係のない株価（またはPER）の変動は長続きせず、上昇した株価はまもなく反落し、下降した株価はそのうち反発すると指摘した。こうした事実を念頭に置き、保有株がときに長期にわたって低迷しても辛抱強く反転の時期を待つべきである。すなわち、株価は最終的に合理的なPERを反映した適正な水準に戻ることを信じるべきだ。

合理的な株価

　保有株が下落したときに冷静さを保ち、また急騰したときも慎重に行動するベストの方法は、ポートフォリオの「合理的な株価（rational value）」を知ることである。ヒストリカルなバリューレシオ（HVR）

は利益の反映である株価とヒストリカルな株価を比較したものだが、合理的な株価は現在のPERと標準的なPERを比べたものである。つまり、投資家が完全に合理的に行動し、厳密に企業の業績に基づいて投資決定を下したら、その株価はいくらになるということである。合理的な株価の算式は単に現在の株価をHVRで割ったもので、例えば株式バブル期にXYZ社の株価が75ドル、そのHVRが150％であるとすれば、合理的な株価は75÷1.5＝50ドルとなる。一方、株価低迷期に同社の株価が25ドル、HVRが50％であるとすれば、合理的な株価は25÷0.5＝50ドルで同じになる。ポートフォリオのXYZ株の時価総額は50ドル×保有株数となる。

　ポートフォリオ全体の合理的な株価の時価総額は、保有企業の利益やそのときの株式相場の水準を反映したものとなる。大切なことは株価の下落局面でも軽々に行動せず、大衆が保有株の本当の価値に気づいて相応の値段を付けるまで待つことである。また株式バブル期には、過大評価された株式をもっと高いリターンが見込める株式と入れ替える。いずれの局面でもポートフォリオの本当の価値を知り、大衆に迎合して非合理的に行動しないことが大切である。その企業の業績が引き続き好調であれば、その株式が値下がりしたときは買い増しのチャンスでもある。そうした優良企業に対して投資家の信頼感が低下して株価が下落することは、実は何の根拠もないことである。

　一方、投資家の信頼感が低下して株価が下落したのはそれなりの理由があるという反論もあるだろう。しかし私に言わせると、そうした企業はもともと優良企業に値しないものである。または一時期には優良企業だったかもしれないが、結局はポートフォリオの1/5を占める落伍企業だったのである。確かにポートフォリオマネジメントには保有株の株価をチェックし、少しでもパフォーマンスを高めるために必要な措置を取るという側面もあるが、日々の株価をウオッチすることではない。ウォーレン・バフェットはかつて、株式を購入した直後に

マーケットが終了し、それを売る準備が整わないうちはマーケットが開かなければベストであると述べた。もちろん、こんなことは現実にはあり得ないが、そのように行動することは可能である。株式を買うということは、企業を買う（またはその一部所有者になる）ことである。ポートフォリオマネジメントには企業業績のチェックは含まれるが、日々の株価のウオッチは含まれない。このことを十分に理解しておくべきだ。

ポートフォリオの規模

あなたはすでに将来的にかなりの利益を蓄積できる株式の選択法をマスターした。これを実践で応用すれば、10〜25銘柄から成る有望なポートフォリオを組成できるだろう（保有株を何銘柄にするのかについては明確な基準はない）。ポートフォリオを10〜11銘柄で構成すれば、卵をいくつかの籠に盛ってリスクを分散することができる。それから何銘柄まで増やすのかについては、その人の許容範囲によって決まる。経験則によれば、簡単にフォローできないほどの銘柄を抱えるのはあまり賢明ではない（過去半世紀にわたって多くの投資家は手作業でチャートなどを作成していたが、今ではパソコンがすべての作業をしてくれる。パソコンによるポートフォリオマネジメントは、手作業によるマネジメントよりもはるかに簡単で正確、そして迅速に処理できる）。しかし、テクナメンタル投資法の大きなメリットは、何銘柄の株式を抱えようとも、そのポートフォリオマネジメントはトレーダーや短期投資家のそれよりははるかに心労が少ないことである。

売り時の決定

保有株をいつ売却して利益を確定するのかについては明確な答えは

ない。しかし、保有株を売却しなければならない3つのケースが考えられる。

1．お金が必要になったとき。
2．5銘柄のルールどおりに、1/5の保有株の一部が投資基準をクリアできないほど業績が悪化したとき。ポートフォリオ全体に大きな損失が出ないうちに、そうした銘柄を処分しなければならない。
3．一部の保有株をもっと大きなリターンが見込める有望株と入れ替えたほうがよいと判断したとき。特に一部の銘柄が上昇してそれ以上のリターンが期待できないときは、別の有望株と入れ替えるのが賢明である。

　2はポートフォリオマネジメントのディフェンシブな戦略、3は攻撃的な戦略である。これ以外のケースも考えられるが、実際にはそれほど多くはないだろう。テクナメンタル投資の保有株は利益成長の続く優良株であり、たとえそれらの株券をタンスのなかにしまっておいても、長期的には利益をもたらしてくれるだろう。しかし、そんなことをしないほうがよいのは言うまでもない。

ディフェンシブな戦略

　「ディフェンス」とは災難などから身を守ること、球技でいえば失点しないことである。ポートフォリオマネジメントのディフェンシブな戦略とは、環境悪化などに伴う損失リスクからポートフォリオを守ることである。われわれの目標は年率15％以上の平均リターンを上げることなので、損失をもたらすような株式を長期にわたってホールドすることはできない。積み上がる利益を崩したくなければ、迅速にこの戦略を実行する必要がある。ところで、既述した5銘柄のルールに

ついて、悲観的な投資家は「保有する5銘柄のうち、1銘柄は損失をもたらす」と考えるだろう。一方、私は「保有する5銘柄のうち4銘柄は大丈夫だ。残りの1銘柄はもっと良いかもしれない」と楽観的に考えるようにしている。

しかし、ポートフォリオマネジメントのディフェンシブな戦略とは、そのような悲観的な投資家が考えるような保有株の対処法である。すなわち、予測できない理由から予想外の業績悪化に転落したり、またはしばらくは好業績を維持したがまもなく失墜した企業の株式からポートフォリオを守ることである。ここで注意しなければならないのは、この戦略はあくまでも企業の質に関係するもので、株価の問題ではないことである（一方、攻撃的な戦略は株価に関するものである）。保有企業の四半期ごとの売上高と利益が予想どおりに伸びていれば、何も心配することはない。日々の株価の動きに一喜一憂するトレーダーとは異なり、保有企業の利益成長が長期にわたって持続していれば（適正なPERが維持されていれば）、その株式の価値増大は今後も続くだろう。

ディフェンシブな戦略の焦点

それならば、ディフェンシブな戦略では何を問題とするのか。それは保有企業の四半期ごとの売上高、税引前利益、そして純利益などが、前年同期と比べてどのように変化しているのかである。すなわち、その株式を購入したときの予想成長率がその後も維持されているのかをチェックすることである。まず最初にチェックするのは売上高で、最も安定している項目の売り上げ伸び率が予想を下回っていればそれは問題である。次は税引前利益の成長率であるが、最終的な純利益に直結するこの利益の落ち込みも問題である。しかし、企業はよく納税引当金や発行済み株式数を調整し、1～2四半期ぐらいは純利益に対す

る影響を緩和している。とはいっても、これらの項目が最重要であることに変わりはないので、税引前利益は厳しくチェックすべきである。

　もしも税引前利益に何か問題点を見つけたら、来る悪決算の発表でほかの多くの投資家が泣く前に対策を講じることができる。つまり、次の決算発表までにその銘柄を処分してポートフォリオを損失から守ることができる。次にチェックするのは純利益であるが、問題が長期にわたって純利益に重大な影響を及ぼさなければ、一時的な問題で株価が下落したときはむしろ買い増しのチャンスである。

業績が悪化したときの対処法

　保有企業の業績が悪化したときはどのように対処するのか。そうした株式を即座に売却すべきなのか。これに対する答えは、その理由を確かめないでそうした銘柄を軽々に処分することはあまり賢明ではないということである。その企業の経営陣がこれまで何度もそうした困難を克服してきたのであればなおさらであり、今四半期の業績悪化も一時的なものかもしれない。私は直近4四半期の売上高、税引前利益や純利益をそれ以前の4四半期と比較している。こうすれば連続して業績が大きく落ち込まないかぎり、1四半期だけの問題でイライラすることもないだろう。高成長が続く若い企業であれば、利益成長率が鈍化するのは何も珍しいことではない。大切なことはその企業のヒストリカルな成長率ではなく、自分の予想した成長率と比較することである。その株式を購入したというのは、自分の予想する利益成長率が今後も持続すると考えたからであろう。

　保有企業の売上高、税引前利益、そして純利益が長期にわたり20％以上のペースで成長してきたら、それらの伸び率が少し鈍化してもそれほど心配する必要はない。問題となるのは、それらの伸び率が自分の予想を下回って低下し続けたときである。すべての落下物と同じよ

うに、成長率の鈍化ペースが速くなってきたら、さらに加速する可能性があるので何らかの行動を取る必要がある。その企業の質を再評価し、売上高、税引前利益や純利益の予想成長率を下方修正する理由を分析する。その結果、成長の鈍化率がそれほど大きくないと判断したら、翌四半期までに回復するかどうかを見守る。少なくとも2四半期の状況を静観すべきであろう。

一方、何らかの予想外の状況変化が起こって、企業がそれに対処するには1～2四半期の時間が必要なときもある。そのようなときはすぐに以前の状況に回復するのは難しいだろう。大切なことは、その企業の経営陣がそうした事態にどのように対処するのかである。問題があまり深刻ではなく、長期的な悪影響が予想されなければ（その問題が経営陣の解決能力を超えていなければ）、焦った行動を取らずにしばらく経営陣の取り組みを見守るべきである。

しかし、保有企業の成長率が予想を超える水準まで低下したときは赤信号である。そうした事態が2四半期も連続して起こったり、または鈍化率がかなり大きいときは（例えば、15％の成長率が5％に低下したときなど）、何らかの対策が必要である。そのようなときはすぐに保有株を売却するのか。この場合も必ずしもそうではない。まず最初にすべきことはリサーチであり、そうした事態に対する会社側の発表に耳を傾けることである。四半期報告では必ず何らかの説明があるだろう。またインターネットでその企業のホームページ、またはその他のニュースサイトにアクセスする。そこに掲載されたプレスリリースなどを読めば、その説明の真偽も判断できるだろう。

会社側の説明がよく理解できないときは、IR（投資家向け広報）部署に問い合わせてさらに詳しい説明を求めるべきだ。保有株数がいくら少なくても気にする必要はない。1株株主でもその企業のオーナーであることに変わりはなく、会社側に対して理解できる説明を求める権利がある。ほとんどのIR担当者は親切で、株主に丁寧に説明し

てくれる。個人や投資クラブの投資家は機関投資家ほど多くの株数を保有していないが、最も頼りになる株主である。すぐに保有株を手放す機関投資家とは異なり、これらの個人投資家は長期にわたって株式を保有してくれるからである。企業にとって個人投資家は安定株主であり、新株のありがたい引き受け手でもある。

情報源

それではこのディフェンシブな戦略を実行するうえで、必要な情報をどこで入手すればよいのか。初版では保有企業に四半期報告書を請求しなさいと書いたが、インターネットが普及した現在では、企業のホームページにアクセスすれば決算情報は簡単に入手できる。私が勧めるベストのウエブサイトはロイター（http://www.reuters.com/）で、そこでは株式リサーチに必要なほとんどのデータが無料で入手できる。もうひとつのお勧めサイトはヤフー・ファイナンス（http://finance.yahoo.com）で、これらのサイトでは生の決算データのほか、最新のプレスリリースやアナリストのコメントなど、株式リサーチに必要な情報が盛りだくさんである（これ以外にもさまざまな株式情報サイトがある）。テクナメンタル投資家が主にチェックするのは四半期ごとの決算情報であり、それ以外にはポートフォリオマネジメントに関する作業はあまりない。ディフェンシブな戦略の目的はポートフォリオを損失リスクから守ることにあるが、1年間に4回の作業で済むのでそれほど難しくはないだろう。

米上場企業の約60％では会計年度と暦年が同じであるため、四半期末月は3月、6月、9月および12月となっている。小売会社の多くは12月ではなく1月末締めとなっているが、これは12月が年末商戦の真っ最中に当たるためである。残り半分以上の企業の年度締めは年央、その以外はばらばらである。決算報告書の作成には時間がかかるため、

インターネットでも第1四半期の決算報告を4月1日に見ることはできない。SEC（証券取引委員会）は（500人以上の株主と1000万ドル以上の資産を持つ）すべての上場企業に対して、各四半期末から45日以内に四半期報告書（様式10－Q）、年度末から90日以内に監査済み年次報告書（様式10－K）の公表を義務付けている。これらの決算報告を調べるときのベストのウエブサイトは、SECの有価証券報告書データベースのエドガー（EDGAR）であるが、ほとんどの上場企業のホームページでもその会社の決算情報は入手できる。私の好きなサイトは決算情報以外のさまざまな情報も得られるロイターであるが、株式上場についてはDailyStocks（http://www.dailystocks.com/）も便利である。ポートフォリオマネジメントのディフェンシブな戦略に関して大切なことは、業績が悪化した株式の売却資金をさらに有利な銘柄に再投資するということである。投資候補リストを作成・保管するのはそのためであり、資金を眠らせておいては年率15％のリターンを得ることはできない。

攻撃的な戦略

損失リスクからポートフォリオを守るディフェンシブな戦略のあとは、できるだけ多くの利益を上げるための攻撃的な戦略について説明する。この戦略はディフェンシブな戦略ほど緊急に実行する必要はないが、それは損失リスクからの防衛というよりは、ポートフォリオの価値向上が目的であるからだ。つまり、極端に言えばこの戦略はその気になったときに実行すればよい。この戦略のプロセスはまず保有企業の質を再検討し、実現可能なリターンが引き続き満足すべき水準にあるのか、それを得るための潜在的リスクはまだ小さいかなどをチェックする。その株式を購入したのは株価が上昇し続けると予想したからであり、これまではそのとおりになっているはずだ。

ディフェンシブな戦略について説明したとき、保有株がファンダメンタルズの悪化以外のさまざまな理由からときに長期にわたって下落することもあると述べた。こうしたことは株価の上昇についても言える。株価はファンダメンタルズの好転以外のさまざまな理由で上昇することもよくある。投資家がその企業、産業、セクターや株式市場全体に影響を及ぼす材料に好感したり、そうした材料が株価を押し上げるのではないかといった思惑などである。投資家の注目を集める人気株がファンダメンタルズとは関係のない材料で急上昇するのは珍しいことではない。決算報告のサプライズは上方修正よりも下方修正のほうがはるかに多いが、株価はその企業や産業、または景気に対するさまざまな憶測や思惑を反映してときに急騰することもある。さらに相場全体が常識の範囲外まで上昇することもあり、1990年代のドットコム株バブルなどは景気に対する過度の期待感、余剰資金や規制法令の撤廃期待などが相乗的に働いたためである。

　そうした状況下でポートフォリオのなかの一部銘柄が急騰することもある。そのようなときにそうした保有株をどのように扱ったらよいのか。株式を購入するとき基準にした予想株価の考え方をここにも当てはめるのがよいだろう。株価が高くなればなるほど、得られるリターンは小さくなるということである。すなわち、保有株の価格が予想以上に上昇すれば、やがて急反落する可能性はますます高くなる（株価が急落すれば、急反発する可能性が高くなる）。株式を購入したあとは、いつそれを売るのかが問題となる。ポートフォリオマネジメントとはこの問題への対処法とも言える。先のディフェンシブな戦略では素早い実行が求められた。負け組銘柄（企業の質が低下した銘柄）を売却してポートフォリオを守らなければならなかった。この点でディフェンシブな戦略は分かりやすいし、また実行するのも簡単である。しかし、お金を儲けることは失わないこととはまったく別であり、ここで問題としているのはできるだけ多くの利益を上げるために、いつ

保有株を売却するのかということである。

株価の役割

　長期投資のテクナメンタル投資家は目標株価を設定しない。一応5年後の予想株価は立てるが、それはいわば「変化する目標値」のようなものである。5年という期間は実際の投資日、または投資予定日からの期間かもしれない。個別の保有株やポートフォリオ全体の利益も、そこから5年後の予想利益を指している（投資期間を10～20年としてもよいが、短期的な株価変動を超えた目標期間としては5年が適切であろう）。保有株は優良企業であり、そのファンダメンタルズも予想どおりに向上しているため、株価は利益を確定したいと思う水準まで来ているだろう。それならば、ここで利益を確定して何かに使おうか、それとも別の株式に再投資すべきだろうか。当面使う予定のないお金であれば、ほかの有望株を探したほうがよいのか。

　しかし、そうしたことを実行する前に、次のことを少し考えてはどうだろうか。売却しようとしている銘柄には何か問題があるのか、それはもはや優良株ではなくなったのか、ほかの有望株ほど利益を生み出さないのか、業界のトップ企業ではなくなったのか、現在の株価を除いて既定の投資基準をクリアしなくなったのか……。そうした保有株を売却すればキャピタルゲイン税のほかに、売却と再投資の手数料がかかる。こうしたことを考慮しても、まだ利益確定以外に株式を売却する理由があるのか（その企業がまだ利益を生み出す可能性があるときなどはなおさらである）。さらに次のことをよく考えてみよう。勝ち組銘柄を手放したら、ポートフォリオにはどのような株式が残るのか。負け組銘柄ばかりになるが、それは賢明なことなのか。そう、株価が上昇したというだけで勝ち組銘柄を売却してはならないのである。

売却ではなく乗り換えを

あなたはこう言うだろう。お金が必要になったり、保有企業の業績が悪化したなどの理由を除いて、保有株の売却は考えていないと。既述したように、株価の上昇・下降は保有株の売却の理由にはならない。大切なことは、売却と乗り換えをはっきりと区別することである。現在の株価水準をベースに将来の実現可能なリターンと潜在的リスクを考慮し、乗り換えたほうがよいと判断したらそうすべきである。それならば、そのような攻撃的な戦略はいつ実行すべきなのか。

それは保有株の価格が過大評価されたときである。株価が過大評価され始めたと判断するのは、①今後5年間の実現可能な利益が予想よりも少なくなりそうだ、②潜在的リスクが実現可能なリターンよりも大きくなってきた――ときである。最初に考慮するのは実現可能なリターンであり、例えばある保有株の実現可能なリターンが当初予想の年率15％を下回るようであれば、その株式は過大評価され始めたのである。株価が上昇しても、株価の原動力となる利益成長率が鈍化すれば、将来的に株価がさらに上昇する可能性は低くなる。保有株を購入したときもこうした予想リターンとリスクの確率を検討したはずである。既述したように、リスクインデックスが25％であれば、実現可能なリターンは潜在的リスクの3倍である。それが50％になるとリターンとリスクの確率は半々、50％を超えるとリターンよりもリスクの可能性のほうが高くなる。

株価の過大評価とは程度の問題である（わずかな過大評価、かなりの過大評価など）。株価の過大評価の程度が大きくなったときは、その株式を別の有望株と乗り換えたほうがよい。それならば、ある株価水準でその株式が過大評価されているとどうして判断するのか。新たな増益発表があればその程度は変わるのか。特に税金と売買手数料を含めた現在の株価が乗り換えに値する過大評価の水準なのか（これら

を考慮して指値注文を出してもそれで売れるとは限らない)。こうした問い掛けに対するひとつの対策は、次のように単純に対処することであろう。現在の保有株と同等またはそれ以上の質を有する投資企業(今の保有株よりも実現可能なリターンが大きく、潜在的リスクが小さい銘柄)が見つからないときは、今の株式をそのままホールドする。それらは成長の続く優良企業であり、今後も失うものは何もないだろう(ただし、その株価が過大評されていれば、得るものもないだろう)。

攻撃的な戦略の実行

　それでは攻撃的な戦略をどのように実行するのか。旧版では時間をかけてポートフォリオ全体を見直し、楽観的に再評価してリターンの低下とリスクの増大が見込まれる保有株を別の有望株に乗り換えるべきだと書いた。その当時は相場全体が上昇トレンドにあり、こうすることがベストの方法であった。しかし、通常の相場局面ではポートフォリオ全体を早急に見直す必要はなく、こうした措置が必要な銘柄だけについて再評価すればよい。再三にわたり強調しているように、好奇心を満足させるという目的を除けば、日々の株価の動きに一喜一憂することから得られるものは何もない。株価の上昇・下落という理由で保有株を手放してはならない。

　しかし、攻撃的なスタンスでポートフォリオを再チェックするときは、株価の水準に照らして予想以上に値上がりした銘柄は売却し、株価を含めた最新の株式データをベースに保有株を再評価する必要がある。総リターンと潜在的リスクに関しても、①リスクインデックスが50％を超えている、②実現可能なリターンが予想をかなり下回りそうだ——などの銘柄については、購入時の控えめな基準ではなく、現在の状況に照らして再評価すべきである。もっとも、この再評価プロセスでも控えめなスタンスを崩してはならない。すなわち、「二者択一

を迫られたときは、重大な誤りを避けるようにする」というスタンスを堅持し、過大評価よりは過小評価するように心掛ける。そうすれば、状況が予想よりも悪くなってもそれほど心配することはないだろう。将来の企業業績を控えめに見積もれば、ベストの結果が出なかった保有株を急いで売却したり、また実際の価値以上の値段で株式を買うこともなくなるだろう。目的を実現するときにその企業の完璧な業績を当てにしてはならない。

しかし、いったん株式を購入してホールドすれば、悲観的というよりは楽観的なスタンスで臨むべきだ。それは性急に保有株を売却することを避けるためである。状況を楽観的に考えれば、間違ったタイミングで保有株を手放すこともないし、厳選した優良株から大きなメリットを受けられるからである。保有株の再評価とは、主に将来の利益成長率と最高PER・最低PERの見直しである。

利益成長率の再評価

これは保有企業の利益成長率が予想どおりに進んでいるか、そのトレンドは一貫して上向いているかなどを再チェックすることである。つまり、予想と実際の利益成長率を比較し、今後の成長率を適正な水準に調整する。成長率が安定して将来の予想もつくならば、その中間を取ってもよい。こうすれば、成長率が鈍化したときも早めの対策が取れるだろう。もしも予想利益成長率が15％、実際の成長率が30％であったとすれば、今後の成長率は22％前後に上方修正する。私はこの場合の予想成長率を25～30％まで引き上げることはしないが、これまでの成長率の安定さに応じて必ずしも20％前後の数字にこだわる必要はない。今後数十年間もそうした高い利益成長率が続くことはないだろうが、税金と手数料の経費を含む最大限の利益を得るために、最低の成長率に代わりにベターな成長率を見込んでもよい。

PERの再評価

　株式を購入するときは不適切なデータを除外した平均最高PER・平均最低PERを使ったが、今後のPERについては楽観的に再評価してもよい。こうした楽観的な見通しに基づいて将来の株価の最高値・最安値とともに、それによる予想総リターンとリスクインデックスを修正する（こうした計算はパソコンを使えば簡単である）。こうした予想リターンとリスクの新しい修正値に照らして、それよりも有望な株式があれば乗り換えを検討する。おそらく現在の保有株をもう少しホールドしたほうがよいという結果になるだろう。しかし、予想リターンが年率15％以下、リスクインデックスも50％を超えるような保有株は、それよりも有望な別の株式と乗り換えたほうがよい。そのときは優良株の注目銘柄リストのなかで適正な株価にある銘柄を検討する。もしも適切な乗り換え銘柄が見つからないときは、現在の保有株をもう少しホールドして、予想リターンとリスクの変化を見守る。予想リターンが無リスクの短期金融商品にも及ばないときは、いったんそうした銘柄を売却し、有望株が見つかるまでMMA（マネー・マーケット・アカウント）に資金を預けておく。しかし、長期にわたってMMAで資金を寝かせるのは好ましくないので、早急に有望な再投資銘柄を見つけるべきである。

有望な乗り換え銘柄の決定

　乗り換える新しい銘柄は、修正された予想利益成長率とPERに照らして現在の保有株よりも有利であることが条件であり、以下の項目をチェックする。

●売り上げ伸び率の勢い
●売り上げ伸び率の安定性

- ●利益成長率の勢い
- ●利益成長率の安定性
- ●直近4四半期の売り上げ伸び率の勢い
- ●直近4四半期の利益成長率の勢い
- ●売上利益率のトレンド
- ●（乗り換え銘柄が同じ業種の株式であれば）売上利益率の勢い

　これらの項目で乗り換え銘柄が現在の保有株よりも有利であれば、それに基づく予想総リターンとリスクインデックスを分析して乗り換えを検討する。

税金と売買手数料

　一部の保有株を売却してほかの銘柄に乗り換える場合、その新しい株式は一定期間のあとに売却したとき、少なくとも税金と手数料の費用を賄ってもさらに有利なものでなければならない。しかし、こうした条件にあまりこだわる必要はない。例えば、現在の手数料は1トレード当たりわずか4ドルほどであり、長期投資においては微々たるものであろう。手数料が問題となるのは端株（100株以下）の売買であり、ディスカウントブローカーやオンラインブローカーを通じて単位株（100株）を長期投資するときはそれほど問題にはならない。

乗り換えるときの税金

　株式を乗り換えるときの税金は少し複雑である。例えば、IRA（個人積立退職年金）や401k（確定拠出年金）など、課税繰り延べの対象となっている株式を乗り換えても課税されない（資金を引き出すまではキャピタルゲイン税がかからない）。しかし、それ以外の株式を

ほかの銘柄に乗り換えるときは税金がかかる（キャピタルゲイン税率は通常の所得税率のほぼ半分以下とかなり低く、現時点では15％である）。投資益に税金がかからないのは、損失になったときと本人が死亡したときだけである。課税繰り延べの株式を売却して別の株式を購入しても非課税であるが、いつかはキャピタルゲイン税よりもかなり高い所得税を支払わなければならない。

　課税対象の株式乗り換えには税金がかかるといっても、保有株のファンダメンタルズが株式購入時に予想したよりも悪化したときは、迷うことなく売却すべきである。ポートフォリオのパフォーマンスを低下させるような株式は絶対にホールドしてはならず、その売却資金を有効活用するにはほかの有望株に乗り換える。乗り換えの対象となるのは予想リターンが低下し、潜在的リスクが増大した銘柄であるが、新しい投資銘柄はそれよりも予想リターンが2〜3％は高いことが条件となるだろう。長期投資に伴う税金と売買手数料の負担をカバーするには、この程度の追加リターンが必要となるからだ。

ポートフォリオマネジメントの2つの戦略

　株式投資でベストのリターンを上げるには、ポートフォリオマネジメントの2つの戦略をうまく使い分けなければならない。

●**ディフェンシブな戦略**　これは保有企業の質をベースとした損失リスク防衛策で、ファンダメンタルズ（売上高・税引前利益・純利益）が当初の予想より悪化したときは、直ちにほかの有望な銘柄に乗り換える。ポートフォリオのパフォーマンスに対する打撃を事前に防ぐための戦略である。ただし、ファンダメンタルズが悪化しないかぎり、株価が下落してもその株式を売却してはならない。企業の質が依然として高ければ、引き続きホールドする。

●**攻撃的な戦略**　株価をベースとした利益増大策で、ディフェンシブな戦略ほど緊急性はない。保有株の価格が当初の予想よりも大きく上昇し、それ以上のリターンが期待できず、また潜在的リスクが大きくなったときに実行する。そうした過大評価された保有株をさらに大きなリターンが期待できる別の銘柄に乗り換える。適当な乗り換え銘柄が見つからないときは、見つかるまで今の保有株を引き続きホールドする。株価が目標値に達した、または単に利益を確定するといった理由で保有する優良株を売却してはならない。勝ち組銘柄を手放したら、ポートフォリオには負け組銘柄だけが残ってしまう。

第13章
参考事項
Finer Points and "Fudge Factors"

　これまではかなり有効で簡単に実行でき、しかもあまり混乱することもない投資法について述べてきた。しかし、以下では少し複雑で混乱するかもしれない内容について説明する。テクナメンタル投資法に慣れてくると、厳しい投資基準の一部を自分の都合の良い方向に緩めることもあるだろう。ときにはそうすることが良い結果をもたらすこともあるが、ポートフォリオのパフォーマンスを基本的に向上させることはないだろう。以下で説明するような参考事項をあまり重視すると、当初は考えても見なかった企業の株式を購入することもある。それらをベースに投資決定を下すと、あまり良い結果にはならないだろう。基本的なテクナメンタル投資法にこうした参考事項を盛り込むときは慎重にすべきである。これらの参考事項を知らないと投資パフォーマンスが低下するなどと心配する必要はない。以下に述べる参考事項は私の投資経験に付随するものであり、参考までに記載するといった程度のものである。読者の皆さんは自分の経験や能力、常識に照らして、それらを利用できるかどうかを考えてほしい。

特殊な業種のデータ

　一部の業種では通常の産業とは異なる方法で売上高や収益を報告する。その典型は銀行や金融サービス業で、最近では銀行業務は単なる貸借サービスだけにとどまらなくなっている。銀行の主な商品はお金で、通常では連邦準備銀行から借りたお金を貸し付けている。損益計算書にはそのときに支払う利息を貸付利息収入から差し引いて「純受取利息」を計上する。銀行はそのほかにも不動産担保貸付、クレジットカード、投資仲介業などの業務も行っており、これらの収入が「非利息収入」である。通常の産業と異なる銀行のもうひとつの特徴は、不良債権の貸倒損失に対する準備金である。規制の厳しい銀行はお金を預けた顧客に対する受託者責任を果たすために特別な事前対策を取っており、それが貸倒引当金と呼ばれるものである。これは収益の一部を積み立てたもので、貸倒損失以外の目的には使われない。単純に言うと、銀行の利益とは純受取利息と非利息収入を加えたものから貸倒引当金を差し引いたものである。多くの投資情報サービスではこれらの収支をカバーしているので、この3つの項目を分析すると銀行の損益はかなり正確に把握できるだろう。

　しかし、さらに厳密に言えば、銀行の損益に含まれるのはこれだけではない。非課税証券からの収入を修正処理した課税調整額というものもある。これはその他の主要な収益に比べればそれほど重要ではないが、そのデータを損益に加えれば銀行の損益分析はさらに正確なものになるだろう。こうした情報は四半期ごとではなく年次ベースでしか入手できないが、バリューライン・サーベイなどは四半期ごとに「純受取利息」の代わりに「ローン（Loans）」のデータを発表している。

企業の質の評価

既述したように、企業の質には成長率のトレンドと成長を持続するための効率経営性の2つがあるが、それについてもう少し説明を付け加えておこう。

成長の評価

一時的な落ち込み

完璧な優良企業でもときに業績が一時的に落ち込んだり、それを克服して再成長することもよくある。こうしたときは絶好の投資チャンスである。成長ラインが一時的に落ち込む優良企業は有望な投資候補となる。その業績悪化が一時的なもので成長トレンドが崩れていなければ、そのデータは再発が予想されないアウトライアー（不適切なデータ）として除外してもよい。たとえ2～3回続いても、ヒストリカルなデータの初期のころのものであれば、やはり同じように処理してもかまわない。時間は傷を癒すと言われるが、本物の優良企業であればそれを克服して再び成長トレンドを取り戻すだろう。しかし、それを境に成長のトレンドや安定性が崩れるような企業は避けるべきである。そうしたアウトライアーを除外して成長ラインを描き直すとき、トレンドをさらに上向きにして成長率を上方修正する人もいるが、むしろトレンドと成長率を下方修正するのが適切である。要するに昔の一時的な業績悪化などは無視して、その後の安定した成長トレンドから将来の成長率を予測すべきである。

売上高と利益の成長ライン

売上高と利益の成長ラインの勾配を比較すると、その企業の現況と将来の方向が読み取れる。その2つの成長ラインは並行して進んでい

るか、それとも乖離しているか収斂しているか。売上高と利益成長ラインが並行して上昇トレンドにある企業は、効果的なコスト管理に成功していることを示している。自社株買いや新株発行、または税制優遇措置などの影響もなく、売上利益率はかなり安定している。売上高と比例して利益が増加している。一方、利益が売上高よりも急速に、またはそれよりも緩慢なペースで伸びているような企業はどうか。そうした企業の税引前利益と発行済み株式数のラインをチャートに付け加えてみよう。売上高と利益の成長ラインがばらばらな企業の問題点はすぐに分かる。

　売り上げ伸び率が利益成長率よりも大きく、税引前利益成長率が売上高よりも１株利益の伸び率に近ければ、それは売上利益率が低下している（または税率が上昇した）証拠であり、これは赤信号である（図13.1）。次は売り上げ伸び率が利益成長率よりも大きく、税引前利益成長率が１株利益よりも売り上げ伸び率に近ければ、それは発行株数が増加した（または税率が上昇した）ことを意味する（図13.2）。三番目のケースは利益成長率が売り上げ伸び率よりも大きく、税引前利益成長率が１株利益よりも売り上げ伸び率に近ければ、それはその企業が自社株買いを実施した結果、発行株数が減少した（または税率が低下した）ことを示す（図13.3）。四番目のケースは、利益成長率が売り上げ伸び率よりも大きく、税引前利益成長率が売上高よりも１株利益の伸び率に近ければ、それは売上利益率が上昇していることを示すプラスのシグナルである（または税率が低下したことを意味するが、こうしたことが長期にわたって続くことはないだろう）（図13.4）。

　売上高と利益の成長ラインが１年以上にわたってばらばらに進んでいるとき、税率の変化がその原因であることはあまり考えられない。税務当局が産業界に対して税制優遇措置を適用するのはめったにないからである。税率の変化を引き起こすのは繰越欠損金などの影響であ

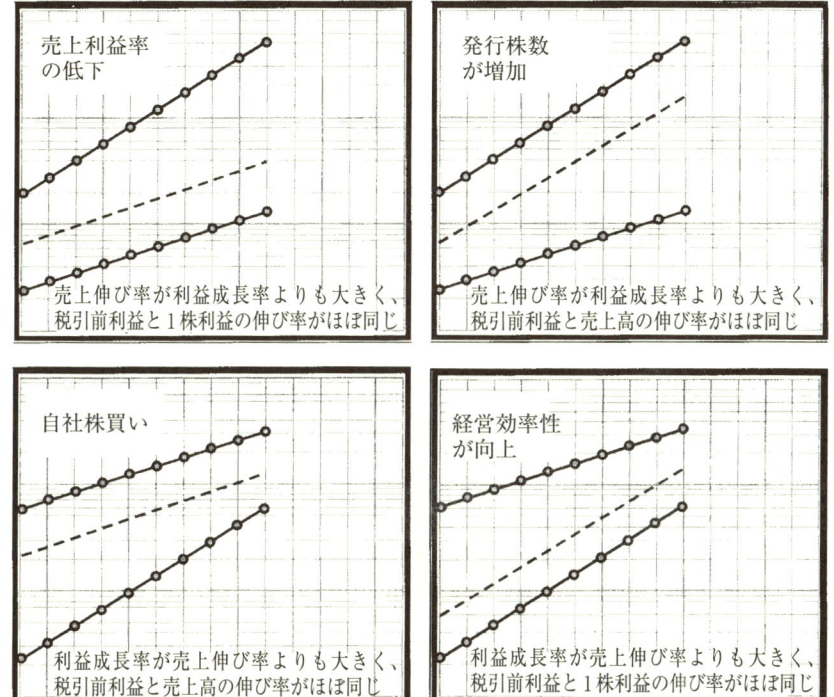

図 13.1 〜図 13.4　売上高・税引前利益・1 株利益の成長ライン

[図 13.1] 売上利益率の低下 / 売上伸び率が利益成長率よりも大きく、税引前利益と 1 株利益の伸び率がほぼ同じ

[図 13.2] 発行株数が増加 / 売上伸び率が利益成長率よりも大きく、税引前利益と売上高の伸び率がほぼ同じ

[図 13.3] 自社株買い / 利益成長率が売上伸び率よりも大きく、税引前利益と売上高の伸び率がほぼ同じ

[図 13.4] 経営効率性が向上 / 利益成長率が売上伸び率よりも大きく、税引前利益と 1 株利益の伸び率がほぼ同じ

ろう。

経営効率性の評価

売上利益率

　投資経験が豊富になれば、売上利益率が低下している企業はすぐに分かる（特にそうした企業の株式を保有しているとき）。しかし、長期的に見るとそうしたことは健全経営の慣行を確立するきっかけとし

て、その企業にとってプラスに働く可能性もある。その原因として次のようなことが考えられる。

- 利益率は低いが、売り上げを伸ばせる商品の販売
- 利益率の低い企業の買収
- 競争の激化で販売価格が低下
- 市場シェアの無理な拡大

　こうした事実について調査した結果、それが一時的な出来事であると判断したときは無視してもよい。一方、その企業の経営陣が正しい決定を下したことで利益率が低下したときは、長期的には売り上げが増加すれば利益率も改善するだろう。しかし、こうしたケースはまれなことなので慎重に対処すべきである。一般に売上利益率が低下しているような企業については直ちにリサーチを中止し、別の企業に移ったほうがよい。

トレンド
　成長ラインが上向きであればそれはコスト削減が奏功している証拠なので、トレンドがない状態よりもよいと考える人もいる。しかし、上昇トレンドが必ずしも効率経営のあかしであるとは言えず、改善すべき点が多いこともある。その企業の経営効率性が高くても（売上利益率が業界平均よりも高くても）、それが必ずしもコスト削減による成長ラインの上昇として表れるとは限らない。その他のケースと同じように、上向きの成長ラインが意味するものを読み取るには常識があれば十分であり、MBA（経営学修士）などはまったく不要である。その企業のニュース報道、プレスリリースや年次決算報告などからも、コスト削減努力の成否による利益率の向上（または低下）が予測できる。売上利益率のラインが上向きでなくても、それが業界屈指の優良

企業で利益率が安定していれば、それは経営効率性がベストに近い状態にあることを示している。

ROE（株主資本利益率）

経営陣の成績表で二番目に問題となるのはROE（株主資本利益率）、すなわち投資家（株主）の持ち分である株主資本が生み出す利益率である。これは広く使われている指標であるが、私はアナリストや一般投資家にとってROEは過大評価されていると思う。企業の資産（現金、機械・設備、建物、事務機器、社内専用機など）はコストを節減し、利益を生む出すために使われる。投資家は経営陣がこれらの資産を有効活用することを期待している。一方、企業にはこれらの資産のほか、企業価値を減価する負債も抱えている。ROEは純利益÷総資産で求められるが、利益と（担保に入っていない）資産を比較するこの指標は、その企業の経営効率性を表す重要な目安となる。ROEは１株利益と１株当たり純資産からも算出できるが、いずれの算式の有効性もその期中に発行済み株式数が変化しないことが条件となっている。

それではROEから何が読み取れるのか。それは負債を返済したあとのお金から、その企業がどれだけの利益を上げているのかということである。これはその企業の経営効率性を示す重要な指標であり、経営陣が借入金（他人のお金）を使わないでどれだけの利益を生み出せるのかを示す能力でもある。一方、企業は借入金（レバレッジ）も活用して成長と株主価値を増大させている。

しかし、ROEを算出するとき、その利益が生じた期末ではなく、期初からの株主資本を使わなければ実際的な価値はないと思う。ほとんどのROEは期初ではなく、期末時点の株主資本（またはその平均）を使って計算されている。これについて少し説明しよう。「〜利益率」の「〜」とは、利益率を計算するときのベースとなるものである。例えば、10ドルの資金で１ドルの利益を生み出したとき、その算式は

1÷10＝0.1（10％）と極めて単純である。同じように期初ではなく期末の純資産を使ってROEを計算すると、配当として支払われないすべての利益は株主資本（または純資産）に組み入れられ、ROE算式の分子と分母に含まれる。その結果、1ドルの利益を含めたROE算式の分母は10ドルではなく11ドルとなる。私はこのようにして算出されたROEは数学的に不正確な数字であり、あまり価値はないと思う。

一方、配当金も加えると問題はさらに複雑になる。例えば、A社とB社はともにその期に1ドルの利益を上げ、期初の純資産は5ドルだったとする。A社はすべての利益、B社は20セントの配当金を控除した80セントを株主資本に組み入れたとき、両社のROEはどうなるのだろうか。A社のROEは1÷6＝16.7％、B社のROEは1÷5.8＝17.2％となり、配当金を支払った会社のROEのほうが高くなってしまう。しかし、期初の株主資本（5ドル）を使って計算すると、両社のROEはともに20％で同じになる。配当分も株主資本に組み入れた会社のROEのほうが低いとはなんとも不思議なことである。多くのビジネススクールでは期中の平均株主資本を使うように生徒に教えているが、これだと少しはましかもしれないが、それでもそうして算出されたROEはやはり実用的ではないと思う。しかし、前年の株主資本を使ってROEを計算すると、利益と株主資本の関係はかなり明確になり、企業価値と株主持ち分の増大ぶりがよく分かるだろう（図13.5を参照）。売上利益率は企業にとって最も重要なものであり、売上高、純利益および売上利益率が伸びているかぎり、ROEも上昇トレンドをたどるのが本来の姿である。

価値の評価

投資家がある企業の株式に対してどのくらいの値段を支払えるのかについて、私からのアドバイスを付記しておこう。

図13.5　前年の株主資本を使ったROE

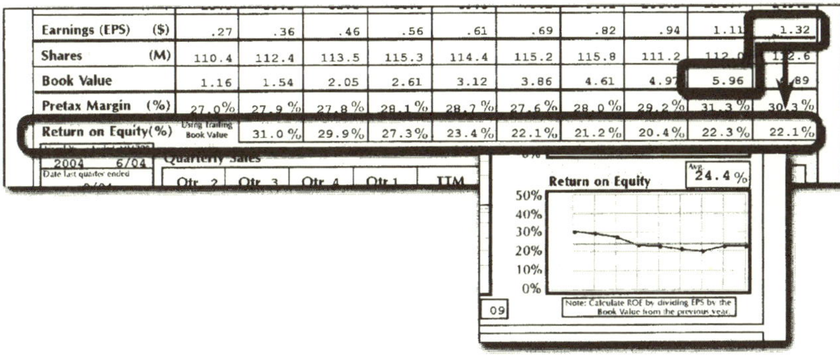

予想成長率

　将来の成長率は控えめな数字を出すべきであるが、その程度についてはいろいろが考え方がある。バリューライン・サーベイ、インターネットの証券サイト、証券新聞などに掲載されるプロのアナリストの予想はどうなっているのだろうか。プロのアナリストの評判と報酬は予想数字の正確さによって決まり、将来の予想利益成長率についても正確であるほど、同僚のアナリストや証券界のなかで自分の存在感が増す。過大なまたは過小な予想はいずれも評判を落とすことになる。

　しかし、われわれの目標は予想の正確さではなく、安全な予想である。予想が正確であれば利益が出るかもしれないが、控えめな予想をしておけばさらに大きな利益を手にできるだろう。われわれは自分の予想に自分のお金をかけているが、予想の正確率は80％であれば十分であり、控えめな予想のほうがよい（控えめすぎても困るが）。私はヒストリカルな数字から将来の利益を予想するが、安全な予想とするためにかなり控えめな数字を出す。私の予想値がアナリストの平均予想とほぼ同じであるときも、慎重さを期してそれよりも少し控えめな数字にしている。

企業は自社の予想利益をあまり公表しないので、それに代わってアナリストが各企業の将来の利益を予想する。アナリストの予想とかなり異なる業績が発表されたときはサプライズとなる。デビッド・ドレマンはその著『コントラリアン・インベストメント・ストラテジーズ（Contrarian Investment Strategies : The Next Generation）』のなかで、4人以上のアナリストがフォローする約1000社の予想利益について、23年間に及ぶ追跡調査結果を公表している。それによると、4四半期の予想利益に対するアナリストの正解率は約5％、これが5年先の予想利益になると1/300億の確率になるという。アナリストのなかにもかなり正確な予想を出す人もいるだろうが、ここから言えるのは、われわれとプロの予想にそれほど大きな差はないということである。したがって、少し控えめに予想しておいたほうが安心していられるだろう。

予想PER

　株式リサーチのなかで最も厄介な作業は将来の予想PERの計算であろう。多くの投資銘柄のPERを予想しようとすれば、その作業は大変なものである。将来のPERについては控えめな数字を出すこと、すなわち予想最高PER・予想最低PERの低いほうの数値の半分を平均する方法（上限は30倍）についてはすでに説明したが、こうして算出された予想PERは過小評価されていると思うかもしれない。多くの投資家は単にヒストリカルな最高PER・最低PERの平均から将来のPERを出しているが、そうした過去のPERが適正な水準であると考えるならば、その方法も悪くはないだろう。しかし、特に最近ではそうして出された予想PERは少し過大評価されていると私は思う。

PEGレシオ

多くの投資家は安全を期して意図的に低い予想PERを出しているが、なかにはPEGレシオを使っている人もいる。PEGレシオはPER÷予想利益成長率で算出され、例えばある株式が15倍のPERで売買されているとき、その企業の予想利益成長率が15％であるとすれば、PEGレシオは1対1となる。PEGレシオのメリットはスクリーニング指標として利用できることで、PEGレシオが（現在のPERが予想利益成長率の）1.5～2.0倍の企業には目もくれない投資家のほか、ヒストリカルなPERをPEGレシオと比較し、そこから将来の妥当な予想PERを計算する人もいる。一方、PEGレシオが1.5倍までの株式は投資候補に含める投資家もおり、ある企業の予想利益成長率を15％とすれば、許容できる最高の予想PERは15×1.5＝22.5倍となる。この方法は許容できる予想PERの上限を30倍、最大予想利益成長率を20％とする私の基準に近いものである（第10章を参照）。

不確定バンド

「不確定バンド（Uncertainty Band）」とは、ジグザグな企業の成長率を一定のバンド内に含め、将来のトレンドを予想しようというものである。成長率にあまりブレがない企業については、将来の成長率もかなり正確なものとなる。このバンドを考案したのは1960年から全米投資家協会（NAIC）の会員で、Iクラブのリスト作成にも尽力したジェイ・ベリー氏で、ヒストリカルな利益率の上限と下限を結んだこのバンドは、将来のトレンドを視覚的に予想するものである。例えば、5年先の成長率を予想するときは、上下のラインを将来に延長する。将来の成長率はこのバンド内に収まる確率が高い（**図13.6**）。私は将来の成長率を下限の控えめな数字とするようにアドバイスしているが、そうすれば実際の数字が少し下方修正されてもそれほど失望することはないだろう。私は売上高の不確定バンドがかなりジグザグ

図 13.6　不確定バンド

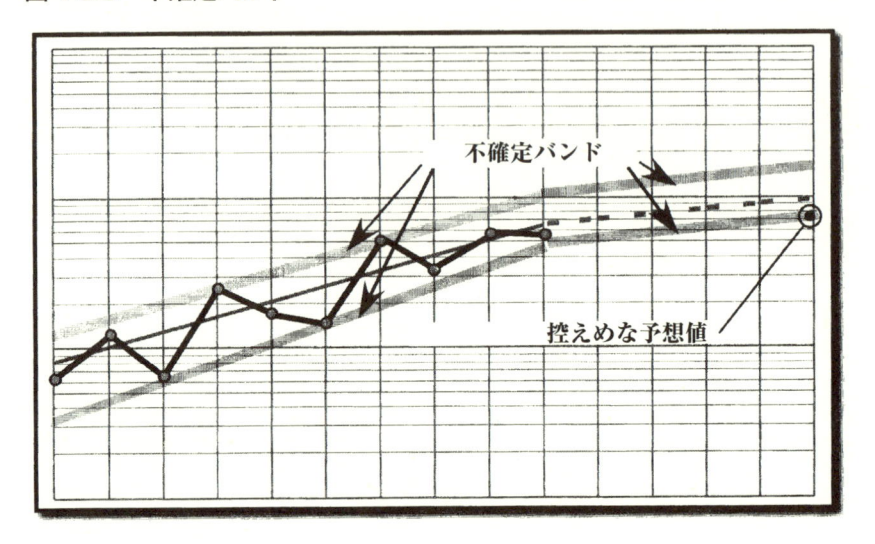

な企業については、直ちにリサーチを中止して別の企業に移るように勧告している。

リスクの評価

　将来の最高値の予想は楽しいが、最安値の予想は慎重に行うべきであり、それにはいくつかの方法がある。

控えめな数字
　かなり控えめな数字を出す投資家もいるが、それは下降局面、不景気、そして最悪の場合は保有株の1/5を占める負け組銘柄になる可能性などを考慮してのことであろう。こうした慎重な投資家は、将来の最安値を意図的に現在の株価よりも安い水準に設定する。こうした投資家にとって、株式投資には常にリスクが伴うのでリスクインデック

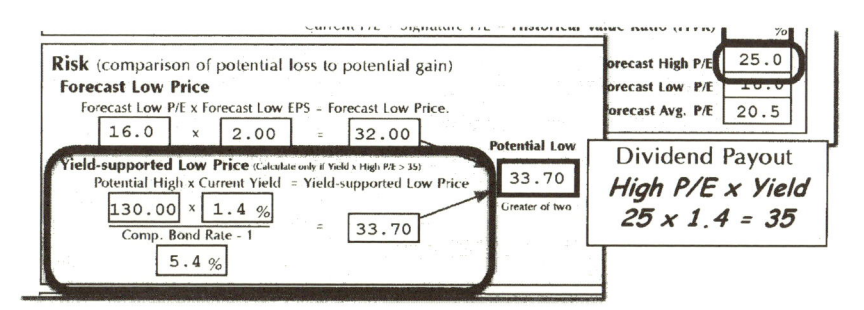

図 13.7　配当を見込んだ予想最安値

```
Risk (comparison of potential loss to potential gain)
Forecast Low Price
Forecast Low P/E × Forecast Low EPS = Forecast Low Price.
  16.0    ×    2.00    =    32.00

Yield-supported Low Price (Calculate only if Yield × High P/E > 35)
Potential High × Current Yield = Yield-supported Low Price
  130.00  ×   1.4 %          =    33.70
       Comp. Bond Rate - 1
              5.4 %

Potential Low
   33.70
Greater of two

Forecast High P/E   25.0
Forecast Low P/E    16.0
Forecast Avg. P/E   20.5

Dividend Payout
High P/E × Yield
25 × 1.4 = 35
```

スはかなり高い。安全性を最優先するとこれもひとつの基準であり、私のやり方もこれに近い。リスクインデックスがかなり低い株式については、安心感よりはむしろ警戒心を抱いてしまう。

配当利回りを見込んだ最安値

多額の配当を支払っている企業については、配当利回りを見込んだ予想最安値を出すこともできる（**図13.7**を参照）。

利回りとは受取配当金のリターンで、年間配当金÷株価で求められる。ご存知のように、株価が低いほど利回りは高くなる。インカムゲインを狙う投資家にとって株価の下落は大きなチャンスである。例えば、大手優良企業の株式が下落してその利回りが国債の利回りに近くなると、多くの投資家は債券から株式に資金をシフトする。国債並みの利回りが得られるうえ、将来的にはキャピタルゲインも期待できるからである。この安値が抵抗水準と呼ばれるもので、インカムゲインの投資家が買いを入れて株価を下支えする。こうした最安値の予想が有効であるのは、配当金がかなり高い企業に限定される。予想配当利回りは現在の株価と予想最高PERから算出するが、予想PERが35倍を超えるときにこの配当利回りを見込んだ予想最安値を適用してもよい。

具体的には新聞などで自分の予想日と満期が近い国債の利回りをチェックし、次の算式に当てはめる。例えば、国債利回りが6.4%、配当利回りが1.4%、予想最高値が130ドルのときの最安値は次のようになる。

配当利回りを見込んだ予想最安値＝予想最高値×配当利回り÷（国債利回り－1）
$130 \times 1.4 \div (6.4 - 1.0) = 33.70$ドル

こうして算出された株価が自分の予想最安値よりも高いときは、低いほうの自分の予想値を予想最安値とする。この方法は高配当の大手企業などには興味のない投資家にとってはあまり役に立たないが、予想リターンとリスクを評価するときの参考にはなるだろう。

以上のような方法は、経験を積んだ投資家が習得した知識の一部である。皆さんにとって役立つものやそうでないものもあるが、少し耳を傾ければよいといった程度のものである。株式投資で成功する最大の武器はあなたの常識であり、これまで何度も強調しているように、自分の能力に余ると思われるようなことは知る必要がない。経験を積むにしたがって投資基準を緩めがちになるものだが、厳しいスタンスを崩すなというのが私からのアドバイスである。

結論
Conclusion

　以下に述べるのは私の個人的な見解である。さて皆さんは株式投資と企業経営の知識については平均的な証券マンよりは詳しくなったと思うので、自信を持って彼らと付き合うことができるだろう（うそだと思ったら、これまで学んだことについて彼らに質問し、その反応を見てください）。私は楽しく本書を書いたが、皆さんも楽しく本書を読まれたと思う。株式投資の楽しさはまだ始まったばかりであり、これから楽しい投資を数多く経験するだろう。私は株式投資で成功するために必要なことはすべて書いたつもりである。これら以外のことは参考程度のもので、知らないからといって別に恥ずかしがる必要はない。しかし、興味があればそれらを勉強するのも結構であり、きっとおもしろいだろう。皆さんが楽しい株式投資で利益を積み上げ、経済的に豊かな未来を築くことを祈ります。

付録A　参考指標

　第4章の最後で、皆さんが知る必要のないこととその理由について述べた。企業経営の手法に関するこうした知識は株式投資で成功するためには必要ないが、好奇心の旺盛な投資家であればさらに詳しく知りたいと思うだろう。そこで以下では、企業経営のプロなどがよく使う一般的な指標について説明する。それらは「財務上の健全度」を表す負債、借入金、株主資本などに関する指標と、「経営上の健全度」を測る生産管理、在庫、資金回収などに関する指標に大別される。

財務上の健全度

流動性

　以下の指標は、企業が必要な資金をどれだけ確保しているかを示すものである。

●**流動比率**（（流動資産÷流動負債）×100）　どれくらいがよいといった明確な基準はないが、この比率が低すぎる企業は当面の負債を賄うことができない。逆に高すぎる企業は資産を有効に活用していない。しかし、その程度は各企業の方針、業界の慣行、経営陣の考え方などによってまちまちである。
●**当座比率**（酸性試験比率）（（流動資産－棚卸資産）÷流動負債）　棚卸資産は流動資産ほど流動性がない（簡単に現金化できない）ため、当面の負債の返済能力を表すかなり明確な指標となる。

レバレッジ

　企業が支払い能力の範囲内で借入金を活用するかぎり、他人のお金は有力な企業経営の手段となる。株主の立場からすると、企業が株主に資金提供を求めないで利益を生み出すことがベストである。以下はこうした企業経営の健全度に関する指標で、債権者にとって債務の返済能力を表すこれらの指標は極めて重要なものである。

●**負債・資産比率**（(総負債÷総資産)×100）　企業のすべての資産と負債を比較するもので、どれくらいの資産が他人のお金によって賄われたのかが分かる。これは短期債務や無形資産なども含む広範な指標で、50％以下であれば健全とみなされる。もっとも、その他の指標と同様に50％を健全とリスキーの境界線と単純に考えることはできない。

●**資産・株主資本比率**（(総資産÷株主資本)×100）　自己資産と他人資本の比率を示す指標のひとつで、100％を超えるとリスキーとみなされる。ROE（株主資本利益率）も参照のこと。

●**負債・株主資本比率**（(総負債÷株主資本)×100）　総負債と株主資本を比較するもので、返済期間が5年未満の債務を総負債に含めたり、または含めないこともある。一般に100％が安全と危険水域の境界線とされている。

●**負債・資本比率**（(長期債務÷総資本)×100）　これはその企業がどれくらいの債務を抱えているかを表す最も明確な指標のひとつである。貸し手の立場からすると、これはかなり重要な指標で、融資限度額などもこの指標をもとに決定されることが多い。しかし、最近ではバランスシートから読み取れるこうした静的な財務状態よりも、その企業の債務返済能力を重視する傾向が強まっている。この指標の安全度の目安も各産業によって異なり、インサイダーや精通したプロ以外にはその企業の実情は正確には分からない。製造業の安全水域の目安は33

％とされている。しかし、タバコ・食品大手のフィリップ・モリスなどはこの比率が60％を超えているが、それでも有望な投資銘柄である。

私はこうした指標をもとに投資決定を下すことはない。しかし、企業の質の変化を察知し、ポートフォリオを管理するときの参考指標として利用できるだろう。

債務返済能力

●**インタレスト・カバレッジ・レシオ**（EBIT（支払利息・税金控除前利益）÷支払利息）　その企業の利益が支払利息のどれくらいになっているのかを表す指標で、高いほどよい。この比率が低い企業は環境が厳しくなるとかなり苦しくなる。この指標の安全圏の目安も各企業や産業によって異なるが、常識で考えても豊富な手元資金を持ち、当座比率の高い企業は、そうでない企業よりも健全であることは明らかであろう。

●**元利カバレッジ・レシオ**（EBIT÷（支払利息＋調整済み元本返済額））　これは企業の元本返済能力を表す指標である（支払利息は税額控除されるが、元本はその対象外となるため、調整済み元本返済額とは元本の税引前金額を考慮している）。

経営上の健全度

以下は損益計算書とバランスシート（貸借対照表）の関連項目に関する指標である。

損益計算書の指標

●**収支分析**（各項目の収支÷純売上高） 企業にとって各商品の一定期間の売上内訳、純売上高に占める原材料、労務費、輸送費などの比率を把握することは極めて重要である。それらの比率が安全水域にあれば問題ないが、大きく変化したときはその原因を究明し、何らかの対策を講じなければならない。

●**売上利益率**（純利益÷純売上高） 損益計算書のなかで最も重要なものは売上利益率、すなわち売上高と利益の関係である。利益にはさまざまな段階のもの（粗利益、税引前利益、純利益など）があるが、その企業がどれだけうまく経費を管理しているかを見るには税引前利益がベストである。税引前利益はその企業の持続的な成長を左右する重要な指標である。

損益計算書・バランスシートの指標

以下の指標はバランスシートの項目を売上高や利益と比較したもので、売上高と比べたときは「回転率」、株主資本と比べたときは「利益率」となる。

●**資産回転率**（純売上高÷総資産） 資産がどれくらいの売り上げを上げているかを示す指標である。

●**棚卸回転率**（純売上高÷棚卸資産平均残高） 1年間に棚卸資産が何回転したかを示すもので、適正在庫を測る重要な指標である。この指標が高いと在庫がスムーズにはけている証拠となるが、高すぎると品不足の状態となる。この指標も採用している在庫評価法や在庫管理コストなどによって大きく左右される（売掛金回転率も参照）。

●**売掛金回転率**（売掛金÷売上高÷365） 売掛金の平均回収期間を示

すもので、信用条件などと比較すれば、その企業の信用販売の効率性が分かる。

●**買掛金回転率**（買掛金÷売上高÷365）　買掛金の支払い能力を表すもので、年齢調べ（30日、60日、90日以上などといった買掛金の支払期日）と比較してチェックする（しかし、各企業のこうした情報を入手するのは難しい）。

●**ROA（純資産利益率）**（純利益÷純資産）　資産がどれくらいの利益を生み出しているかを表す指標である。

●**ROE（株主資本利益率）**（純利益÷株主資本）　詳しくは売上純利益率(純利益÷売上高)×資産回転率(売上高÷総資産)×財務比率(総資産÷株主資本)として表される（ROEについては第13章を参照）。

　バランスシートは企業の財務状態を表し、悪い状態は経営の脆弱性を意味するいわば暗い面である。皆さんの関心は、状況が良いときにはどうなるかといったいわば明るい面に向けられているだろう。われわれの投資対象は継続企業であり、重視するのは各企業の業績を反映した損益計算書である。そしてこれまでに述べてきたのも主に企業業績をベースとした投資基準である。

付録B　パソコンユーザー向けの参考資料

　パソコンを使って新しい投資スキルをマスターしようとするとき、皆さんのさまざまなニーズにかなう株式投資ソフトを紹介しよう。その分野は次のようになっている。

1．データ収集とスクリーニング
2．株式分析
3．ポートフォリオマネジメント
4．ポートフォリオの管理と記録

　マサチューセッツ州ケンブリッジに所在するICLUBセントラル社は、私が推奨する株式分析ソフトの主な販売元で、そのソフトは多くのユーザーによって真価が実証されている。また同社は全米投資家協会（NAIC）が推奨し、多くのNAIC会員が使用している会計ソフトも販売している。

データ収集とスクリーニング

●ストック・インベスター・プロ（Stock Investor PRO、販売元──米個人投資家協会［AAII］、http://www.aaii.com/）　9000以上の上場株式に関するデータを網羅した優れた株式スクリーニングソフトで、ヘルプ機能も充実しているので初心者でも簡単に使いこなせる。有望な投資銘柄をスクリーニングできる「インベストウエア・クオリティ（Inve$tWare Quality）」スクリーンには、本書で紹介した投資企業の質的基準の変数が1500もあるので、ユーザーは自分の好みに応じてそれらを自由に組み合わせて利用できる。ただし、廉価版にはPRO

版のような各種データやさまざまなオプション機能は付いていない。

●**NAICストック・プロスペクター**（NAIC Stock Prospector、ICLUBセントラル、http://www.iclub.com/）　上場企業データをスクリーニングするNAIC公認の株式ソフトで、NAICの電子データファイルであるオンライン・プレミアム・サービス（OPS）を使って投資企業をスクリーニングする。初期画面を使ってもよいし、好きな画面にカスタマイズすることもできる。操作も簡単で、完成度の高い優れたソフトである。

●**OPSデータ**（OPS Data、NAIC、http://www.beter-investing.org/）
　このソフトを使えるのは、おそらくNAIC会員であることの最も大きなメリットのひとつであろう。以前には必要データを手作業で入力しなければならなかったが、今では毎日アップデートされるすべてのオンラインデータを、簡単なクリック操作ひとつでパソコンに取り込むことができる。

株式分析

　過去50年間にテクナメンタル投資法はさまざまな形で実践されてきたが、今では数種類の株式ソフトを使うだけでテクナメンタル投資のすべて、またはそのほとんどのニーズを満たせるようになった。そうしたソフトはNAIC会員向けに開発・販売されたもので、テクナメンタル株式分析ワークシート（TSSW）から必要なデータを入力する。

●**テイク・ストック**（Take $tock、ICLUBセントラル社、http://www.iclub.com/）　テクナメンタル投資を実践するための最も簡単で優れた株式分析ソフトである。分析したい企業のチッカーシンボル（証券コード）や企業名を入力すると、あとの作業はすべて自動的にやってくれる。インターネットを通じて各企業に関する100項目以

上のファンダメンタルズ情報をダウンロードすれば、本書で説明した（投資候補企業の取捨選択、控えめな成長率予想などを含む）すべての分析作業が進み、1〜10段階に分類された企業の質的評価レポートが作成される。その企業が投資適格と判断されれば、実現可能なリターンと潜在的リスクを考慮した予想最高値・最安値も表示される。TSSWのほか、その株式の投資条件や注意事項が記された簡単な要約レポートも印刷できる。「コンセプト（Concepts）」ボタンをクリックすると、分析方法やそのコンセプトに関する詳しい説明が表示される。ユーザーはこのソフトの自動的な判断を無効にして、自分の判断を入力してもよい。データが更新されたとき、質的基準が低下した企業を素早く表示する機能も付いている。OPSデータと同じものを使っているが、別個にそのデータを入手する必要はない。データの継続使用、テクニカルサポート、プログラムのアップデートなどを含む年1回の契約更新料も安価である。

●**NAICのテイク・ストック**（NAIC's Take $tock、NAIC、http://www.better-investing.org/）　NAICの要請に応じて開発されたもので、初期バージョンとは次のような違いがある。そのひとつは、「ウィザード」が各企業の予想成長率やヒストリカルなPERを表示する5つの画面について説明し、ユーザーは各画面を見ながら質問に答えていく。すべての回答が終了すると、それに関するレポートが表示される。二番目の相違点は、TSSWの代わりにNAICの株式選択ガイド（SSG）に基づいて株式購入条件や注意事項などが示される。ユーザーは好みに応じてこのウィザード機能を無効にすることもできる。

●**NAICのインベスターズ・ツールキット・バージョン5**（NAIC's Investor's Toolkit Version 5、NAIC、http://www.better-investing.org/）　10年以上にわたってベストセラーになっているNAIC公認の株式分析ソフトである。NAIC投資法による株式分析、企業比較、ポートフォリオマネジメントなどすべての手法が含まれて

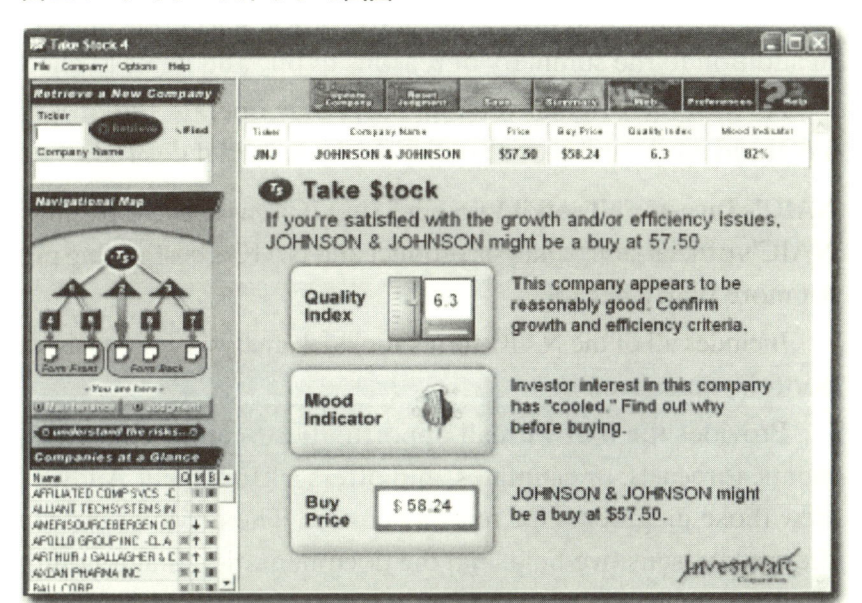

図 B.1　テイク・ストックの画面

いる。「ジャッジメント・オーディット（Judgment Audit）」機能を使えば、ユーザーは自分で行った判断・予想の妥当性を評価される。使用上の詳しい説明、充実したヘルプ機能など、NAIC会員にとっては最も使いやすいソフトのひとつである。そのインターフェースは初心者はもとより、パワーユーザーにも満足のいくものである。このほか、インターネットを通じた株式リサーチ、株価評価、オンラインブローカーへの売買注文、データの更新、投資クラブのウエブサイトへのアクセスなどさまざまな便利な機能も付いており、ポートフォリオマネジメントのディフェンシブ・攻撃的な戦略の実践にも役立つ。

●**NAICストック・アナリスト**（NAIC Stock Analyst、ICLUBセントラル社、http://www.iclub.com/）　完成度の高いもうひとつの株式

図 B.2　NAIC ストック・アナリストの便利な機能

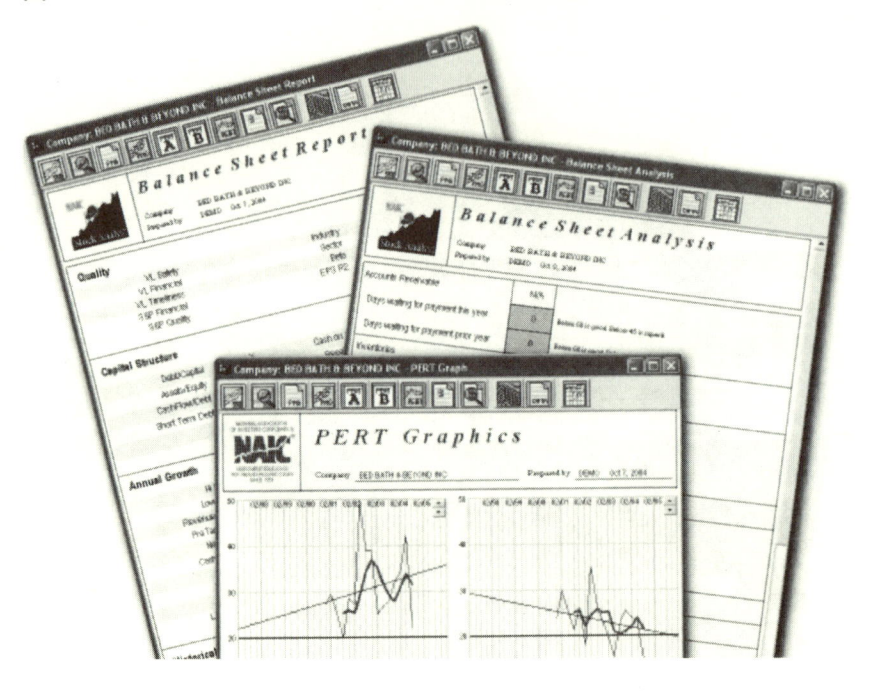

分析ソフトで、ツールキットほど高度な機能は付いていないが、少し違った角度から分析したいという経験豊富な投資家やパワーユーザーには便利なソフトである。さまざまなデータグラフ、バランスシートや参考指標などの分析機能のほか、NAIC投資法に基づく企業比較分析やポートフォリオマネジメントなどに役立つ。

ポートフォリオマネジメント

インベスターズ・ツールキットとストック・アナリスト・プラス

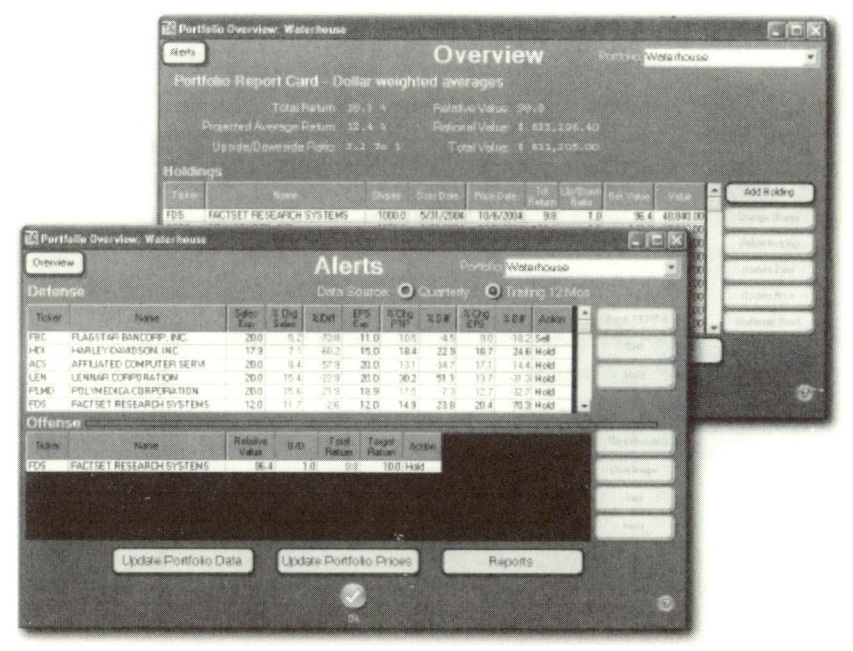

図B.3 ポートフォリオマネジメントの戦略を表示するインベスターズ・ツールキット

（Stock Analyst Plus）には、NAIC投資法に基づくすべてのポートフォリオマネジメントの機能が盛り込まれている。具体的にはポートフォリオの保有株式のファンダメンタルズを監視し、第12章で述べたディフェンシブ・攻撃的な戦略を実行するための手順を表示する。特にインベスターズ・ツールキットでは、それらの戦略を簡単にかつ効果的に実行するための新しいプロセスも表示される。すなわち、フォローする企業の新しいデータのほかに、希望するポートフォリオに関する情報も入手できる。投資企業のファンダメンタルズが予想を下回ったときは、そのデータを分析して保有株のホールドや売却をアドバ

イスする。また予想リターンとリスクに照らした株価が投資基準をクリアしないときも、ホールドや売却の指示を出す。オーバービューの画面（図B.3を参照）を開けば、保有株の詳細なデータのほか、ポートフォリオ全体の評価損益も知ることができる。また保有株を入れ替えたときのシミュレーション結果も表示される。

ポートフォリオの管理と記録

ポートフォリオの管理とは主に損益状況の把握と税金対策である。人気の高い優れたツールは、インテュイット社のクイッケンとマイクロソフトのMSマネーである。この種のソフトを使えば、安定した投資活動に必要なすべての知識が得られる。

●ポートフォリオ・レコード・キーパー（Portfolio Record Keeper、クアントIX社、http://www.quantixsoftware.com/）　配当金の再投資や税務当局に提出する申告書の作成など、かなり詳細な売買記録が必要な個人投資家は、この便利なソフトを使えばポートフォリオのパフォーマンスを詳しくフォローすることができる。ポートフォリオの評価損益や保有株などに関する情報が、グラフで表されたレポート形式で入手できる。その最新バージョンは初心者が１日で使いこなせるほど使い勝手がよい。

以上紹介したソフトを使えば、株式投資に関するすべての作業を簡単、正確、迅速に、しかもちょっぴり楽しく処理できるので、１年間に数時間ほどパソコンの前に座っているだけで成功する投資家になれるだろう。

■著者紹介
エリス・トラウブ（Ellis Traub）
エリス・トラウブは40代前半に、航空機長の仕事を除いてほとんどすべてを株式投資で失った。それ以来50代後半まで株式市場から遠ざかっていたが、全米投資家協会（NAIC）との出会いがなかったら、最後の年金でも同じことを繰り返していただろう。彼はNAICの投資原則を学び、それをマスターしたあと、今度はインストラクターとして全米各地で講演し、大盛況を博している。その後に投資生活を大きく方向転換し、NAICの投資法をパソコンで実践するため、NAIC会員向け株式分析ソフトの開発に取り組む。本書には彼が習得・実践して大成功を収めたテクナメンタル投資法の原則が紹介されている。このほど自ら設立した株式分析ソフト会社を売却し、現在は妻のダイアンとフロリダ州に居住する。自分がかつて味わった苦しみを再び投資家に経験させまいと、講演の依頼があるたびに全米を駆け回っている。

■訳者紹介
関本博英（せきもと・ひろひで）
上智大学外国語学部英語学科を卒業。時事通信社・外国経済部を経て翻訳業に入る。国際労働機関（ILO）など国連関連の翻訳をはじめ、労働、経済、証券など多分野の翻訳に従事。訳書には、『賢明なる投資家【財務諸表編】』『証券分析』『究極のトレーディングガイド』『コーポレート・リストラクチャリングによる企業価値の創出』『プロの銘柄選択法を盗め！』『アナリストデータの裏を読め！』『マーケットのテクニカル百科　入門編・実践編』『市場間分析入門』（いずれもパンローリング）など。

2005年11月3日　初版第1刷発行

ウィザードブックシリーズ ㉔

初心者がすぐに勝ち組になるテクナメンタル投資法
ファンダメンタルズアプローチで高成長優良株を見つけろ

著　者	エリス・トラウブ
訳　者	関本博英
発行者	後藤康徳
発行所	パンローリング株式会社
	〒160-0023　東京都新宿区西新宿 7-21-3-1001
	TEL　03-5386-7391　FAX　03-5386-7393
	http://www.panrolling.com/
	E-mail　info@panrolling.com
編　集	エフ・ジー・アイ（Factory of Gnomic Three Monkeys Investment）合資会社
装　丁	久保田真理子
組　版	a-pica
印刷・製本	株式会社シナノ

ISBN4-7759-7058-5

落丁・乱丁本はお取り替えします。
また、本書の全部、または一部を複写・複製・転訳載、および磁気・光記録媒体に
入力することなどは、著作権法上の例外を除き禁じられています。

© Hirohide Sekimoto　2005 Printed in Japan

<1> 投資・相場を始めたら、カモにならないために最初に必ず読む本!

マーケットの魔術師
ジャック・D・シュワッガー著

「本書を読まずして、投資をすることなかれ」とは世界的なトップトレーダーがみんな口をそろえて言う「投資業界での常識」。

定価2,940円（税込）

新マーケットの魔術師
ジャック・D・シュワッガー著

17人のスーパー・トレーダーたちが洞察に富んだ示唆で、あなたの投資の手助けをしてくれることであろう。

定価2,940円（税込）

マーケットの魔術師 株式編 増補版
ジャック・D・シュワッガー著

だれもが知りたかった「その後のウィザードたちのホントはどうなの?」に、すべて答えた『マーケットの魔術師【株式編】』増補版!

定価2,940円（税込）

マーケットの魔術師 システムトレーダー編
アート・コリンズ著

14人の傑出したトレーダーたちが明かすメカニカルトレーディングのすべて。待望のシリーズ第4弾!

定価2,940円（税込）

投資苑（とうしえん）
アレキサンダー・エルダー著

精神分析医がプロのトレーダーになって書いた心理学的アプローチ相場本の決定版!各国で超ロングセラー。

定価6,090円（税込）

ワイコフの相場成功指南
リチャード・D・ワイコフ著

日本初! 板情報を読んで相場に勝つ!
デイトレーダーも必携の「目先」の値動きを狙え!

定価1,890円（税込）

ワイコフの相場大学
リチャード・D・ワイコフ著

希代の投資家が競って読んだ古典的名著!
名相場師による繰り出される数々の至言!

定価1,890円（税込）

ストックマーケットテクニック 基礎編
リチャード・D・ワイコフ著

初めて株投資をする人へ 相場の賢人からの贈り物。"マーケットの魔術師"リンダ・ラシュキも推薦!

定価2,310円（税込）

ピット・ブル
マーティン・シュワルツ著

習チャンピオン・トレーダーに上り詰めたギャンブラーが語る実録「カジノ・ウォール街」。

定価1,890円（税込）

ヘッジファンドの魔術師
ルイ・ペルス 著

13人の天才マネーマネジャーたちが並外れたリターンを上げた戦略を探る! [改題]インベストメント・スーパースター

定価2,940円（税込）

＜2＞ 短期売買やデイトレードで自立を目指すホームトレーダー必携書

魔術師リンダ・ラリーの短期売買入門
リンダ・ラシュキ著
国内初の実践的な短期売買の入門書。具体的な例と豊富なチャートパターンでわかりやすく解説してあります。
定価29,400円（税込）

ラリー・ウィリアムズの短期売買法
ラリー・ウィリアムズ著
1年で1万ドルを110万ドルにしたトレードチャンピオンシップ優勝者、ラリー・ウィリアムズが語る！
定価10,290円（税込）

バーンスタインのデイトレード入門
ジェイク・バーンスタイン著
あなたも「完全無欠のデイトレーダー」になれる！
デイトレーディングの奥義と優位性がここにある！
定価8,190円（税込）

バーンスタインのデイトレード実践
ジェイク・バーンスタイン著
デイトレードのプロになるための「勝つテクニック」や「日本で未紹介の戦略」が満載！
定価8,190円（税込）

ゲイリー・スミスの短期売買入門
ゲイリー・スミス著
20年間、ずっと数十万円（数千ドル）以上には増やせなかった"並み以下の男"が突然、儲かるようになったその秘訣とは！
定価2,940円（税込）

ターナーの短期売買入門
トニ・ターナー著
全米有数の女性トレーダーが奥義を伝授！
自分に合ったトレーディング・スタイルでがっちり儲けよう！
定価2,940円（税込）

スイングトレード入門
アラン・ファーレイ著
あなたも「完全無欠のスイングトレーダー」になれる！
大衆を出し抜け！
定価8,190円（税込）

オズの実践トレード日誌
トニー・オズ著
習うより、神様をマネろ！
ダイレクト・アクセス・トレーディングの神様が魅せる神がかり的な手法！
定価6,090円（税込）

ヒットエンドラン株式売買法
ジェフ・クーパー著
ネット・トレーダー必携の永遠の教科書！カンや思惑に頼らないアメリカ最新トレード・テクニックが満載!!
定価18,690円（税込）

くそったれマーケットをやっつけろ！
マイケル・パーネス著
大損から一念発起！ 15カ月で3万3000ドルを700万ドルにした驚異のホームトレーダー！
定価2,520円（税込）

<3> 順張りか逆張りか、中長期売買法の極意を完全マスターする！

タートルズの秘密
中・長期売買に興味がある人や、アメリカで莫大な資産を築いた本物の投資手法・戦略を学びたい方必携！

ラッセル・サンズ著

定価20,790円（税込）

カウンターゲーム
ジム・ロジャーズも絶賛の「逆張り株式投資法」の決定版！
個人でできるグレアム、バフェット流バリュー投資術！

アンソニー・M・ガレア＆
ウィリアム・パタロンIII世著
序文：ジム・ロジャーズ

定価2,940円（税込）

オニールの成長株発掘法
あの「マーケットの魔術師」が平易な文章で書き下ろした
全米で100万部突破の大ベストセラー！

ウィリアム・J・オニール著

定価2,940円（税込）

オニールの相場師養成講座
今日の株式市場でお金を儲けて、
そしてお金を守るためのきわめて常識的な戦略。

ウィリアム・J・オニール著

定価2,940円（税込）

ウォール街で勝つ法則
ニューヨーク・タイムズやビジネス・ウィークのベストセラーリストに載った完全改訂版投資ガイドブック。

ジェームズ・P・オショーネシー著

定価6,090円（税込）

ワイルダーのアダムセオリー
本書を読み終わったあなたは、二度とこれまでと同じ視点でマーケット見ることはないだろう。

J・ウエルズ・ワイルダー・ジュニア著

定価10,290円（税込）

トレンドフォロー入門
初のトレンドフォロー決定版！
トレンドフォロー・トレーディングに関する初めての本。

マイケル・コベル著

定価6,090円（税込）

■「相場は心理」…大衆と己の心理を知らずして、相場は張れない！

投資苑（とうしえん）
精神分析医がプロのトレーダーになって書いた心理学的アプローチ相場本の決定版！各国で超ロングセラー。

アレキサンダー・エルダー著

定価6,090円（税込）

ゾーン～相場心理学入門
マーケットで優位性を得るために欠かせない、新しい次元の心理状態を習得できる。「ゾーン」の力を最大限に活用しよう。

マーク・ダグラス著

定価2,940円（税込）

＜4＞ テクニカル分析の真髄を見極め、奥義を知って、プロになる！

投資苑 ／ 投資苑2
アレキサンダー・エルダー著

ベストセラー『投資苑』とその続編 エルダー博士はどこで
仕掛け、どこで手仕舞いしているのかが今、明らかになる！

定価各6,090円（税込）

投資苑がわかる203問
投資苑2 Q&A
アレキサンダー・エルダー著

定価各2,940円（税込）

シュワッガーのテクニカル分析
ジャック・D・シュワッガー著

シュワッガーが、これから投資を始める人や投資手法を
立て直したい人のために書き下ろした実践チャート入門。

定価3,045円（税込）

マーケットのテクニカル秘録
チャールズ・ルボー＆
デビッド・ルーカス著

プロのトレーダーが世界中のさまざまな市場で使用している
洗練されたテクニカル指標の応用法が理解できる。

定価6,090円（税込）

ワイルダーのテクニカル分析入門
J・ウエルズ・
ワイルダー・ジュニア著

オシレーターの売買シグナルによるトレード実践法
RSI、ADX開発者自身による伝説の書！

定価10,290円（税込）

マーケットのテクニカル百科 入門編
ロバート・
D・エドワーズ著

アメリカで50年支持され続けている
テクニカル分析の最高峰が大幅刷新！

定価6,090円（税込）

マーケットのテクニカル百科 実践編
ロバート・
D・エドワーズ著

チャート分析家必携の名著が読みやすくなって完全復刊！
数量分析（クオンツ）のバイブル！

定価6,090円（税込）

魔術師たちのトレーディングモデル
リック・
ベンシニョール著

「トレードの達人である12人の著者たち」が、トレードで
成功するためのテクニックと戦略を明らかにしています。

定価6,090円（税込）

ウエンスタインのテクニカル分析入門
スタン・
ウエンスタイン著

ホームトレーダーとして一貫してどんなマーケットのときにも
利益を上げるためにはベア相場で儲けることが不可欠！

定価2,940円（税込）

デマークのチャート分析テクニック
トーマス・
R・デマーク著

いつ仕掛け、いつ手仕舞うのか。
トレンドの転換点が分かれば、勝機が見える！

定価6,090円（税込）

<5> 割安・バリュー株からブレンド投資まで株式投資の王道を学ぶ!

バフェットからの手紙
ローレンス・A・カニンガム

究極・最強のバフェット本——この1冊でバフェットのすべてがわかる。投資に値する会社こそ生き残る!

定価1,680円(税込)

賢明なる投資家
ベンジャミン・グレアム著

割安株の見つけ方とバリュー投資を成功させる方法。市場低迷の時期こそ、威力を発揮する「バリュー投資のバイブル」

定価3,990円(税込)

新賢明なる投資家 上巻・下巻
ベンジャミン・グレアム、ジェイソン・ツバイク著

時代を超えたグレアムの英知が今、よみがえる! これは「バリュー投資」の教科書だ!

定価各3,990円(税込)

証券分析【1934年版】
ベンジャミン・グレアム&デビッド・L・ドッド著

「不朽の傑作」ついに完全邦訳!本書のメッセージは今でも新鮮でまったく輝きを失っていない!

定価10,290円(税込)

最高経営責任者バフェット
ロバート・P・マイルズ著

あなたも「世界最高のボス」になれる。バークシャー・ハサウェイ大成功の秘密——「無干渉経営方式」とは?

定価2,940円(税込)

賢明なる投資家【財務諸表編】
ベンジャミン・グレアム&スペンサー・B・メレディス著

ベア・マーケットでの最強かつ基本的な手引き書であり、「賢明なる投資家」になるための必読書!

定価3,990円(税込)

なぜ利益を上げている企業への投資が失敗するのか
ヒューエット・ハイゼルマン・ジュニア著

定価2,520円(税込)

投資家のための粉飾決算入門
チャールズ・W・マルフォード著

「第二のエンロン」の株を持っていませんか? 株式ファンダメンタル分析に必携の

定価6,090円(税込)

バイアウト
リック・リッカートセン著

もし会社を買収したいと考えたことがあるなら、本書からMBOを成功させるための必要なノウハウを得られるはずだ!

定価6,090円(税込)

株の天才たち
ニッキー・ロス著

世界で最も偉大な5人の伝説的ヒーローが伝授する投資成功戦略! 賢人たちの投資モデル[改題・改装版]

定価1,890円(税込)

＜6＞裁量を一切排除するトレーディングシステムの作り方・考え方！

究極のトレーディングガイド
トレーダーにとって本当に役に立つコンピューター・トレーディングシステムの開発ノウハウをあますところなく公開！

ジョン・R・ヒル＆
ジョージ・プルート著
定価5,040円（税込）

マーケットの魔術師　システムトレーダー編
14人の傑出したトレーダーたちが明かすメカニカルトレーディングのすべて。待望のシリーズ第4弾！

アート・コリンズ著
定価2,940円（税込）

魔術師たちの心理学
「秘密を公開しすぎる」との声があがった
偉大なトレーダーになるための"ルール"、ここにあり！

バン・K・タープ著
定価2,940円（税込）

トレーディングシステム徹底比較
本書の付録は、日本の全銘柄（商品・株価指数・債先）の検証結果も掲載され、プロアマ垂涎のデータが満載されている。

ラーズ・ケストナー著
定価20,790円（税込）

売買システム入門
相場金融工学の考え方→作り方→評価法
日本初！これが「勝つトレーディング・システム」の全解説だ！

トゥーシャー・シャンデ著
定価8,190円（税込）

トレーディングシステム入門
どんな時間枠でトレードするトレーダーにも、ついに収益をもたらす"勝つ"方法論に目覚める時がやってくる！

トーマス・ストリズマン著
定価6,090円（税込）

ロケット工学投資法
サイエンスがマーケットを打ち破る！
トレーディングの世界に革命をもたらす画期的な書がついに登場！

ジョン・F・エーラース著
定価7,140円（税込）

投資家のためのリスクマネジメント
あなたは、リスクをとりすぎていませんか？それとも、とらないために苦戦していませんか？リスクの取り方を教えます！

ケニス・L・グラント著
定価6,090円（税込）

投資家のためのマネーマネジメント
投資とギャンブルの絶妙な融合！
資金管理のバイブル！

ラルフ・ビンス著
定価6,090円（税込）

EXCELとVBAで学ぶ先端ファイナンスの世界
もうEXCELなしで相場は張れない！
EXCELでラクラク売買検証！

メアリー・ジャクソン＆
マイク・ストーントン著
定価6,090円（税込）

<7>ファンダメンタルズやテクニカル以外にも儲かる投資法はある！

ラリー・ウィリアムズの株式必勝法
ラリー・ウィリアムズ著

話題沸騰！　ラリー・ウィリアムズが初めて株投資の奥義を披露！弱気禁物！　上昇トレンドを逃すな！

定価8,190円（税込）

ツバイク ウォール街を行く
マーティン・ツバイク著

いち早くマーケット・トレンドを見極め、最高の銘柄選択をし、最小リスクで最大利益を得る方法！

定価3,990円（税込）

グリーンブラット投資法
ジョエル・グリーンブラット著

今までだれも明かさなかった目からウロコの投資法
個人でできる「イベントドリブン」投資法の決定版！

定価2,940円（税込）

ディナポリの秘数 フィボナッチ売買法
ジョー・ディナポリ著

押し・戻り分析で仕掛けから手仕舞いまでわかる"黄金率"
0.382、0.618が売買のカギ！　押し・戻り売買の極意！

定価16,800円（税込）

カプランのオプション売買戦略
デビッド・L・カプラン著

経済情報番組ブルームバーグテレビジョンにて紹介された話題の本

定価8,190円（税込）

最強のポイント・アンド・フィギュア分析
トーマス・J・ドーシー著

「どの」銘柄を、「いつ」買えばよいかを伝授！
インターネット時代の最新ポイント・アンド・フィギュア分析法

定価6,090円（税込）

私は株で200万ドル儲けた　定価2,310円（税込）	**ファンダメンタル的空売り入門**　定価2,940円（税込）
市場間分析入門　定価6,090円（税込）	**あなたもマーケットタイミングは読める！**　定価2,940円（税込）
魔術師たちの投資術　定価2,940円（税込）	**ロスフックトレーディング**　定価6,090円（税込）
アームズ投資法　定価7,140円（税込）	**コーポレート・リストラクチャリングによる企業価値の創出**　定価8,190円（税込）
マーケットニュートラル投資の世界　定価6,090円（税込）	**ボリンジャーバンド入門**　定価6,090円（税込）

話題の新刊が続々登場！現代の錬金術師シリーズ

為替の中心ロンドンで見た。ちょっとニュースな出来事
柳基善著
ジャーナリスト嶌信彦氏も推薦の一冊。
関係者以外知ることのできない舞台裏とは如何に？
定価1,260円（税込）

復刻 格言で学ぶ相場の哲学
鏑木 繁著
先人の残した格言は、これからを生きる投資家たちの羅針盤になるはずだ。
定価1,260円（税込）

私はこうして投資を学んだ
増田丞美著
実際に投資で利益を上げている著者が今現在、実際に利益を上げている考え方＆手法を大胆にも公開！
定価1,890円（税込）

矢口新の相場力アップドリル　株式編
矢口 新著
A社が日経225に採用されたとします。このことをきっかけに相場はどう動くと思いますか？
定価1,890円（税込）

矢口新の相場力アップドリル　為替編
矢口 新著
アメリカの連銀議長が金利上げを示唆したとします。このことをきっかけに相場はどう動くと思いますか？
定価1,575円（税込）

潜在意識を活用した最強の投資術入門
石川臨太郎著
年収3000万円を稼ぎ出した現代の錬金術師が明かす「プラス思考＋株式投資＋不動産投資＝幸せ」の方程式とは？
定価2,940円（税込）

投資家から「自立する」投資家へ
山本潤著
大人気メルマガ『億の近道』理事の書き下ろし。企業の真の実力を知る技術と企業のトリックに打ち勝つ心構えを紹介！
定価5,040円（税込）

景気予測から始める株式投資入門
村田雅志著
UFJ総研エコノミストが書き下ろした「超」高効率のトップダウンアプローチ法を紹介！
定価3,465円（税込）

株式トレーダーへの「ひとこと」ヒント集
東保裕之著
『株式投資　これだけはやってはいけない』『株式投資　これだけ心得帖』の著者である東保裕之氏が株式トレーダーに贈るヒント集。
定価1,050円（税込）

魔術師が贈る55のメッセージ
パンローリング編
巨万の富を築いたトップトレーダーたちの"生"の言葉でつづる「座右の銘」。ままならない"今"を抜け出すためのヒント、ここにあり。
定価1,050円（税込）

●海外ウィザードが講演したセミナー・ビデオ＆DVD（日本語字幕付き）●

『ガースタインの銘柄スクリーニング法』（84分）　　マーク・ガースタイン　8,190円

株式投資を始めた際に、誰もが遭遇する疑問に対して、検討に値する銘柄の選別法から、実際の売買のタイミングまで、4つのステップにしたがって銘柄選択及び売買の極意をお伝えしましょう。高度な数学の知識も、専門的な経営判断の手法も必要ない。銘柄選択の極意をマスターして欲しい。

『マクミランのオプション売買入門』（96分）　　ラリー・マクミラン　8,190円

オプション取引の"教授"重鎮マクミラン氏のセミナー、初めての日本語版化。オプション取引の心得から、オプションを「センチメント指標」として使う方法、ボラティリティ取引、プット・コール・レシオ(P/C R)を売買に適用するための具体的なノウハウの数々が満載。

『ネルソン・フリーバーグのシステム売買 検証と構築』（96分）　ネルソン・フリーバーグ　8,190円

ツヴァイクの4%モデル指標、ワイルダーのボラティリティ・システム、ペンタッドストックタイミング・モデル、市場間債券先物モデルのシステムなど、古くから検証され続け保証済みの様々なシステムを詳述。様々なシステムの検証結果と、具体的なハイリターン・ローリスクの戦略例をしめすオリジナルの売買システム、構築についても述べている。

『バーンスタインのパターントレード入門』（104分）　ジェイク・バーンスタイン　8,190円

簡単なことを知り、実行するだけで、必ず成功出来るやり方とはなんであろうか。それは、「市場のパターンを知ること」である。講師のジェイク・バーンスタインの説くこの季節的なパターンに従えば、市場で勝ち続けることも夢ではない。是非それを知り、実行し、大きな成功をおさめていただきたい。

『ネイテンバーグのオプションボラティリティ戦略』（96分）　シェルダン・ネイテンバーグ　8,190円

「トレーダーズ・ホール・オブ・フェイム」受賞者のシェルダン・ネイテンバーグ氏が皆さんに株のオプションの仕組みを解説している。重要なのは価格変動率とは何か、その役割を知り、オプションの価値を見極めること。そして市場が「間違った価値」をつけた時こそがチャンスなのだということをネイテンバーグ氏は語っている。

『ジョン・マーフィーの値上がる業種を探せ』（94分）　ジョン・J・マーフィー　8,190円

ジョン・マーフィーの専門であるテクニカル分析とは少し異なり、市場同士の関係とセクター循環がテーマ。また、講演の最後には「告白タイム」と称して、テクニカルとファンダメンタルズの違いや共通点についても熱く語っている。（1）市場の関係（2）セクター循環（3）ファンダメンタルズとテクニカル

『アラン・ファーレイの収益を拡大する「仕掛け」と「仕切り」の法則』（101分）　アラン・ファーレイ　8,190円

スイング・トレードの巨人、アラン・ファーレイが、「仕掛け」と「仕切り」の極意を解説する。トレーディングのプロセスを確認し、有効な取引戦略を設定・遂行するためのヒントに満ちた90分だ。

『成功を導くトレーダー、10の鉄則』（99分）　ジョージ・クレイマン　5,040円

25年に及ぶ独自の経験とW.D.ギャンなどトレーディングのパイオニア達の足跡から、クラインマンが成功するためのルールを解説する。成功のための10則 取引過剰 懐疑心 ナンピン 資金管理 トレンド 含み益 相場に聞く 積極性 ピラミッド型ポジション ニュースと相場展開。

『マーク・ラーソンのテクニカル指標』（91分）　マーク・ラーソン　5,040円

移動平均、売買高、MACDなど、テクニカル指標は使いこなすことで、トレーディングに効果をもたらす。テクニカル指標を使いこなすコツの数々を、ラーソンが解説する。

『マクミランのオプション戦略の落とし穴』（106分）　ラリー・マクミラン　8,190円

オプション取引の第一人者、マクミランが基本的な戦略の問題点と改善方法を分かりやすく解説したセミナー。オプション取引とは無縁なトレーダーにとっても、P/C（プット・コール）レシオ、ボラティリティー、オプションそのものを指標にして、原市場の「売り」「買い」のサインを読み取る方法などを紹介している。

●パンローリング発行

● 他の追随を許さないパンローリング主催の相場セミナーDVDとビデオ ●

一目均衡表の基本から実践まで　　　　　　川口一晃　3,990円（税込）

単に相場の将来を予想する観測法ではなく、売り買いの急所を明確に決定する分析法が一目均衡表の人気の秘密！　本DVDに収録されたセミナーでは、値動きの傾向から売買タイミングを測る「一目均衡表」を基本から応用、そしてケーススタディ（具体例）までを解説。

信用取引入門 [基礎・応用編]　　　　　　福永博之　2,800円（税込）

「買い」だけではなく、「売り」もできる信用取引。リスクが高いというイメージがあるかもしれませんが、仕組みさえ分かってしまえば、あなたの投資を力強くサポートしてくれます。

大化けする成長株を発掘する方法　　　　　　鈴木一之　5,040円（税込）

全米で100万部超のウルトラ大ベストセラーとなり、今もロングセラーを爆走している『オニールの成長株発掘法』から、大化けする成長株を発掘！本当は人には教えたくない投資法。

売買システム構築入門　　　　　　野村光紀　3,990円（税込）

マイクロソフトエクセルを触ったことのある方なら誰でも、少し手を加えるだけで売買システムを作れる。エクセル入門書には相場への応用例が無いとお嘆きの方に最適なDVDとビデオ。エクセル入門／チャートギャラリーの紹介／自分専用の売買システムを作る／毎日の仕事の自動化！

ディナポリレベルで相場のターニングポイントを　　ジョー・ディナポリ
がっちりゲット！　　　　　　　　　　　　　　　5,040円（税込）

ジョー・ディナポリが株式、先物、為替市場、世界のどの市場でも通用する戦術を公開する！
※本製品は日本語吹き替え版のみとなります。

伝説の冒険投資家　　　　　　　　　ジム・ロジャーズ　3,990円（税込）
ジム・ロジャーズ 投資で儲ける秘訣

各国の長期的な経済成長を読み、自らの投資に活かす「冒険投資家」は、いま、日本をどう見ているのか？
自ら体験した経験と知識を日本の皆様へ贈ります。

カリスマ投資家一問一答　　山本有花, 東保裕之, 足立眞一, 増田丞美　1,890円（税込）

相場の良し悪しに関わらず、儲けを出している人は、どうやって利益を上げられるようになったのか？どうやってその投資スタイルを身につけたのか？投資で成功するまでにやるべきことが分かります。

短期テクニカル売買セミナー　増田正美のMM法 <上級者編>　増田正美　21,000円（税込）

統計学的に偏差値を求めるツール「ボリンジャーバンド」、相場の強弱を表す指標「RSI」、株価変動の加速度をあらわす指標「DMI」、短期相場の強弱を表す指標「MACD」。難しい数学的な理論は知る必要なく、実際の売買において、その指標の意味と利益を上げるために、これら4つの指標をどうやって使うのかということを講師の経験を元に解説。

短期売買の魅力とトレード戦略 -感謝祭2004-　　柳谷雅之　3,990円（税込）

日本株を対象にしたお馴染 OOPS の改良、優位性を得るためのスクリーニング条件、利益の出し方（勝率と損益率、様々な売買スタイルとその特徴）基礎戦略（TDトラップ、改良版 OOPS）応用戦略（スクリーニング、マネーマネージメント）を個人投資家の立場から詳細に解説！

一目均衡表入門セミナー　　　　　　細田哲生, 川口一晃　5,040円（税込）

単に相場の将来を予想する観測法ではなく売り買いの急所を明確に決定する分析法が一目均衡表の人気の秘密。その名の由来通り、相場の状況を"一目"で判断できることが特徴です。本DVDでは、一目均衡表の計算方法からケーススタディ（具体例）まで具体的な使用法を学んでいただきます。

●パンローリング発行

道具にこだわりを。

よいレシピとよい材料だけでよい料理は生まれません。
一流の料理人は、一流の技術と、それを助ける一流の道具を持っているものです。
成功しているトレーダーに選ばれ、鍛えられたチャートギャラリーだからこそ
あなたの売買技術がさらに引き立ちます。

Chart Gallery 3.0 for Windows
Established Methods for Every Speculation

パンローリング相場アプリケーション

チャートギャラリープロ 3.0　定価84,000円（本体80,000円＋税5％）
チャートギャラリー 3.0　　　定価29,400円（本体28,000円＋税5％）

[商品紹介ページ] http://www.panrolling.com/pansoft/chtgal/

RSIなど、指標をいくつでも、何段でも重ね書きできます。移動平均の日数などパラメタも自由に変更できます。一度作ったチャートはファイルにいくつでも保存できますので、毎日すばやくチャートを表示できます。
日々のデータは無料配信しています。ボタンを2、3押すだけの簡単操作で、わずか3分以内でデータを更新。過去データも豊富に収録。
プロ版では、柔軟な銘柄検索などさらに強力な機能を塔載。ほかの投資家の一歩先を行く売買環境を実現できます。

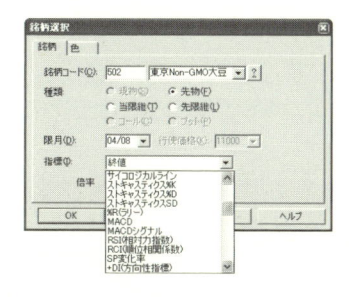

お問合わせ・お申し込みは

Pan Rolling パンローリング株式会社

〒160-0023 東京都新宿区西新宿7-21-3-1001　TEL.03-5386-7391　FAX.03-5386-7393
E-Mail info@panrolling.com　ホームページ http://www.panrolling.com/

Pan Rolling

相場データ・投資ノウハウ 実践資料…etc

ここでしか入手できないモノがある

今すぐトレーダーズショップにアクセスしてみよう！

1 インターネットに接続してhttp://www.tradersshop.com/ にアクセスします。インターネットだから、24時間どこからでもOKです。

2 トップページが表示されます。画面の左側に便利な検索機能があります。タイトルはもちろん、キーワードや商品番号など、探している商品の手がかりがあれば、簡単に見つけることができます。

3 ほしい商品が見つかったら、お買い物かごに入れます。お買い物かごにほしい品物をすべて入れ終わったら、一覧表の下にあるお会計を押します。

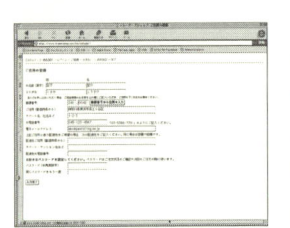

4 はじめてのお客さまは、配達先等を入力します。お支払い方法を入力して内容を確認後、ご注文を送信を押して完了（次回以降の注文はもっとカンタン。最短2クリックで注文が完了します）。送料はご注文1回につき、何点でも全国一律250円です（1回の注文が2800円以上なら無料！）。また、代引手数料も無料となっています。

5 あとは宅配便にて、あなたのお手元に商品が届きます。
そのほかにもトレーダーズショップには、投資業界の有名人による「私のオススメの一冊」コーナーや読者による書評など、投資に役立つ情報が満載です。さらに、投資に役立つ楽しいメールマガジンも無料で登録できます。ごゆっくりお楽しみください。

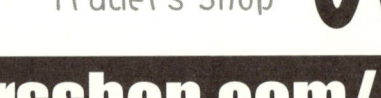

Traders Shop

http://www.tradersshop.com/

投資に役立つメールマガジンも無料で登録できます。http://www.tradersshop.com/back/mailmag/

パンローリング株式会社
〒160-0023 東京都新宿区西新宿7-21-3-1001
Tel: 03-5386-7391　Fax: 03-5386-7393
http://www.panrolling.com/
E-Mail info@panrolling.com

お問い合わせは

携帯版